CHARLES M. HORNE

# DAS HEIL

Verlag der
Francke-Buchhandlung GmbH
Marburg an der Lahn

ISBN 3 88224 134 9


3550 Marburg an der Lahn
Umschlagentwurf und Übersetzung aus dem Amerikanischen:
LITERA/Sperling
Gesamtherstellung:
St.-Johannis-Druckerei, 7630 Lahr-Dinglingen
Printed in Germany 16643/1979

# Inhalt

# Einleitung

Die Lehre vom Heil ist zentraler Bestandteil der biblischen Botschaft. Vom 1. Mose 3 bis zu Offenbarung 22 nehmen wir die Entfaltung des Erlösungsgeschehens wahr. Kaum war der Mensch gefallen, da verhieß Gott bereits Befreiung (1. Mose 3, 15). In Ereignis, Wort und Typ blickt das ganze Alte Testament dem Kommen Jesu Christi entgegen; und das Neue Testament ist sowohl ein Bericht über dieses Ereignis als auch eine autoritative Reflexion seiner Bedeutung. Angefangen von seinem Fall in Adam, hat das Problem des Menschen alle Zeitalter hindurch in einem Mangel an Gotteserkenntnis und in einem Schuldempfinden Gott gegenüber bestanden. Die Antwort auf diese doppelte Schwierigkeit ist nur in der Erlösungsoffenbarung der Liebe Gottes in Christus zu finden, wie sie in der Bibel bezeugt wird.

Das vom dreieinen Gott geplante, verwirklichte und angewendete Heil ist mannigfaltig in seinem Wesen. Es faßt eine Reihe von biblischen Begriffen in sich: Erwählung, Berufung, Wiedergeburt, Bekehrung, Rechtfertigung, Annahme an Kindes Statt, Heiligung und Verherrlichung. Keine dieser biblischen Bezeichnungen vermag völlig die Bedeutung des Heils zu erklären. Im letzten und vollsten Sinne ist kein Mensch errettet, bis er verherrlicht worden ist (1. Kor. 5, 5).

Es ist der Zweck dieser Studie, auf systematische Weise eine Wegleitung durch das sich auf den Heilsbegriff beziehende biblische Material anzubieten. Während sie wohl die Glaubensposition des Verfassers darstellt, sollen sowohl Gliederung wie Inhalt (dieser besonders) jedoch in erster Linie die Grundlage für die eigene konstruktive Wechselwirkung des Lesers schaffen, und zwar dem Wunsche entspringend, daß ein jeder sich der unverminderten Anstrengung widmet, sich »seine eigene Theologie« zu bilden, eine Theologie, die beides ist: exegetisch verantwortbar und existentiell relevant. C. S. Lewis sagt dazu passend: »Die Herrlichkeit Gottes und – als unser einziges Mittel, ihn zu verherrlichen – das Heil der Menschenseelen sind das einzige, worauf es im Leben wirklich ankommt.«[1]

Theologie ist eine fortlaufende Aufgabe. Mögen wir stets bereit sein, unsere gegenwärtigen Vorstellungen prüfen zu lassen durch neue Einsichten, die wir durch anhaltendes Studium des Wortes Gottes gewinnen. Wir wollen uns nie an irgendeinen besonderen theologischen Gesichtspunkt so binden lassen, daß wir keine weiteren Beiträge mehr aufnehmen können, die andere uns zu einem besseren Verständnis der Offenbarung Gottes anbieten.

In Übereinstimmung mit dieser Methode wird festgehalten, daß die angeführte Literatur nicht immer die Auffassung des Verfassers wiedergibt, sondern eine Grundlage für zusätzliches, anregendes Erforschen des in Frage stehenden Konzeptes anbieten soll. Oft lernt man mehr, wenn der Dialog mit einem geführt wird, dessen Auffassungen Unterschiede zu den unsrigen aufweisen, als wenn man sich einfach mit jemandem unterhält, bei dem diese Verschiedenheit nicht vorhanden ist. Bei richtiger Wegleitung kann solche Lektüre die Pflege eines konstruktiven kritischen Sinnes fördern – eines sehr notwendigen Werkzeuges des Lernprozesses.

Möge darum dieser Studienentwurf den Leser zu einem umfassenderen Verständnis der erlösenden Gnade Gottes führen und Mut machen zu einem klareren Zeugnis denen gegenüber, die noch ohne Hoffnung und ohne Gott in der Welt sind.

# 1 Die Notwendigkeit des Heils

Eine eingehende Diskussion über die Notwendigkeit des Heils würde einen eigenen Band über biblische Anthropologie erfordern; aber das Fehlen eines Überblicks über gewisse herausragende Merkmale auf diesem Gebiet würde unsere Betrachtung der Lehre vom Heil (Soteriologie) stark benachteiligen. Wann immer die Gemeinde die gute Nachricht des Heils verkündigt, fragt der moderne Mensch nach dem Warum und Wofür.

## *Die Sünde des Menschen*

Wenn diese Fragen mit biblischen Begriffen beantwortet werden, so lautet die Antwort: Wegen der Sünde und damit wir und alle, die den gleichen Glauben haben, jetzt und später in der Gemeinschaft mit Gott leben.

### Das Wesen der Sünde

Wir müssen fragen: »Was ist Sünde?« Auf diese Frage antwortet der Westminster Katechismus richtig: »Sünde ist jeder Mangel an Übereinstimmung mit dem Gesetz Gottes und/oder seine Übertretung« (vgl. 1. Joh. 3, 4). Diese Definition ist soweit durchaus biblisch, aber sie hört bei einem entscheidenden Punkt auf. Sünde – biblisch beschrieben – ist nicht nur ein Versagen, dem Gesetz Gottes zu gehorchen und/oder eine Übertretung desselben; sie ist auch – und das ist vielleicht sogar noch bezeichnender – eine Vergottung des Ichs und eine Entthronung Gottes. Sie ist eine Zerreißung der persönlichen Beziehung des Geschöpfes zu seinem Schöpfer.

In diesem Sinne schreibt der Puritaner Ralph Venning:

> *Kurz gesagt: Sünde ist die Herausforderung an die Gerechtigkeit Gottes, die Vergewaltigung seiner Barmherzigkeit, die Verhöhnung seiner Geduld, die Geringschätzung seiner Macht, die Verachtung seiner Liebe . . . Wir könnten fortfahren und sagen, sie ist der Vorwurf an seine Vorsehung (Ps. 50), die Verspottung seiner Verheißung (2. Petr. 3, 3–4), die Beschimpfung seiner Weisheit (Jes. 29, 16).*[1]

## *Die Übertragung der Sünde*

Adams Sünde ist durch die Tatsache der Solidarität vom Menschengeschlecht und des Repräsentationsprinzips zu allen gekommen (vgl. Röm.

5, 12). Alle haben repräsentativ in Adam gesündigt und erben darum eine sündige Natur, der jede sündige Tat entspringt. Die Wurzel der Verkehrtheit des Menschen ist die infolge seines Falles ererbte Natur; die Früchte sind die sündigen Werke, die er tut (Gal. 5, 19–21). Die Lage des Menschen ist das Resultat seiner Verderbtheit – der ererbten wie der tatsächlichen.

### *Die Lage des Menschen*

Das Resultat der Sünde des Menschen ist Entfremdung von Gott, von seinen Mitmenschen und sogar von sich selbst. Der Mensch ist ein Opfer von Angst, Frustration, Unruhe und Verzweiflung. Das Leben erscheint letzten Endes sinnlos, absurd und ohne Ausweg aus seinem Labyrinth. Zusammen mit dem Prediger der alten Zeit kommt der Mensch zum Schluß: »Ich sah an alles Tun, das unter der Sonne geschieht, und siehe, es war alles eitel und Haschen nach Wind« (Pred. 1, 14).

Zeichen der Hoffnungslosigkeit des Menschen schreien uns beständig aus Presse, Radio und Fernsehen entgegen. Sie sind auch deutlich erkennbar in den Liedertexten einiger Rock-Musik-Gruppen. Wenn wir den Herausforderungen von heute begegnen wollen, so müssen wir die Formen studieren, in denen sie ihre Daseins-Interpretation zum Ausdruck bringen. Diese Formen schließen die wissenschaftlichen, ökonomischen, politischen, ethischen und künstlerischen Bereiche ein.

Der Mensch ist von Natur gänzlich verderbt. Das heißt nicht, daß jeder Mensch so schlecht wie nur möglich ist. Es bedeutet vielmehr, daß das Sündenprinzip jeden Aspekt seiner Natur durchdrungen hat und daß er total unfähig ist, sein eigenes Heil zu schaffen.

Die Funktionsweise seines Verstandes ist so verfinstert durch die Sünde, daß er die Dinge des Geistes Gottes nicht verstehen kann. Paulus stellt fest: »Der natürliche Mensch aber nimmt nichts an, was vom Geist Gottes kommt; es ist ihm eine Torheit, und er kann es nicht verstehen; denn es muß geistlich beurteilt werden« (1. Kor. 2, 14).

Paulus spricht von der Offenbarung, die dem Apostelkreis in Worten, die der Geist lehrt, gegeben wurde (V. 13). Viel von diesem Material umfaßt jetzt der wörtlich inspirierte (»Gott-gehauchte«) Kanon der Heiligen Schrift. In Vers 14 weist dann der Apostel darauf hin, daß diese Dinge (»Die Worte, die der Geist lehrt«) vom natürlichen oder ungeistlichen Menschen nicht vernommen werden. Es geht in diesem Abschnitt um eine besondere, nicht um eine allgemeine Offenbarung.

Mit »natürlicher Mensch« meint Paulus den Menschen, der nur weltweise ist, den Menschen, der eingegrenzt ist von den Dingen dieses Lebens, den unwiedergeborenen Menschen. Solch ein Mensch nimmt nichts an, was vom Geist Gottes kommt. Das mit »annehmen« übersetzte Wort trägt den Sinn von willkommen heißen und ist das gleiche, das man gewöhnlich für den Empfang eines Gastes gebraucht. Der Gedanke ist also der, daß der natürliche Mensch das, was vom Geist kommt, nicht willkommen heißt; er verweigert es, er lehnt es ab. Ihm fehlt die nötige Fähigkeit, die Offenbarungen des Geistes Gottes zu erkennen.

Paulus nennt nun die Gründe, warum der natürliche Mensch nicht die Dinge Gottes willkommen heißt. *Erstens* sind sie für den nichterleuchteten Verstand eine »Torheit« – absurd, fade, kraftlos. Die Dinge des Geistes Gottes kommen dem Sünder buchstäblich schwachsinnig vor.

*Zweitens* wird erklärt, daß der Ungläubige sie nicht verstehen *kann.* Der unwiedergeborene Mensch kann nicht einmal anfangen, die Wahrheit göttlicher Dinge zu erkennen. Es ist nicht einfach deswegen, daß er nicht will; er kann es nicht. Wenn wir nachforschen, warum er nicht kann, so entdecken wir, daß es nicht wegen eines fehlerhaften Funktionierens der logischen Denkfähigkeit als solcher ist, sondern wegen eines Versagens, mit allen einschlägigen Angaben zu rechnen – Angaben, die nur durch das Wirken des Heiligen Geistes zugänglich sind.

Andere in diesem Zusammenhang zu beachtende Bibelstellen sind Römer 3, 11; 2. Korinther 10, 5; Titus 1, 15; Epheser 5, 8; 2. Petrus 2, 14.

Thomas Boston schreibt:

> *Der Sinn der Menschen ist mit einer natürlichen Schwäche behaftet im Blick auf geistliche Dinge: Der Apostel stellt in bezug auf einen jeden, der nicht das Gnadenwirken des Heiligen Geistes kennt, fest, »daß er blind ist und tappt im Dunkeln« (2. Petr. 1, 9). . . Viele, die für die Belanglosigkeiten des Lebens ein Adlerauge haben, sind wie Eulen und Fledermäuse im Licht des Lebens. Wahrlich, das Leben eines jeden natürlichen Menschen ist nur ein dauernder Traum, eine fortgesetzte Selbsttäuschung, aus der er nie erwacht, bis er entweder – durch einen vom Himmel in seine Seele fallenden Lichtstrahl – zu sich selbst kommt (Luk. 15, 17) oder »in der Hölle seine Augen aufhebt« (Luk. 16, 23). Darum ist er nach der Schrift – und sei er noch so weise – ein Narr, ein einfältiger Narr.*[2]

Drittens wird festgehalten, daß der Ungläubige sie nicht verstehen kann, weil sie geistlich beurteilt werden müssen. Nach Leon Morris wird das mit »beurteilt« übersetzte Verb

> *gebraucht im rechtlichen Sinne einer der Hauptverhandlung vorausgehenden Voruntersuchung (das entsprechende Verb im Sinne einer Voruntersuchung findet sich auch in Apostelgeschichte 25, 26). Es hat die Bedeutung von »genau untersuchen«, »prüfen« und in dem Sinn von »beurteilen« und »bewerten«. Vielleicht will der Gebrauch eines sich auf eine solche Voruntersuchung beziehenden Verbs uns daran erinnern, daß alle menschlichen Urteile lediglich Prälimi-nar-Charakter haben. Es ist Gott, der das endgültige Urteil aus-*

> *spricht. Wie es auch sei, Paulus besteht darauf, daß der Mensch, dessen geistiges Rüstzeug nur von dieser Welt stammt und der nicht den göttlichen Heiligen Geist empfangen hat, nicht die Fähigkeit besitzt, ein Urteil über geistliche Dinge abzugeben.*[3]

Der Wille des Menschen ist gefangen im Sklavendienst der Sünde. Wieder stellt Paulus fest: »Denn das Trachten des Eigenwillens bedeutet Feindschaft gegen Gott; denn er ordnet sich dem Gesetz Gottes nicht unter und kann es auch nicht. Die aber vom eigenen Willen bestimmt sind, können Gott nicht gefallen« (Röm. 8, 7f.). Im Blick auf diese Stelle schrieb Martin Luther: »Nun wollen wir einmal sehen, was Paulus vom Bemühen und Vermögen des ›freien Willens‹ im fleischlichen Menschen hält . . . Mögen die Verfechter eines ›freien Willens‹ die folgende Frage beantworten: Wie können Anstrengungen zum Guten gemacht werden, von etwas, das der Tod ist, das Gott mißfällt, das Feindschaft gegen Gott ist, das Gott nicht gehorcht und ihm nicht gehorchen kann?«[4]

Calvin kommentiert:

> *Paulus . . . stellt fest, daß unser Herz so von Härtigkeit und unüberwindlicher Widerspenstigkeit aufgeblasen ist, daß es nie dazu gebracht werden kann, sich natürlicherweise unter das Joch Gottes zu beugen. Er argumentiert nicht über die eine oder die andere Neigung, sondern verwendet einen allumfassenden Ausdruck, um all die Empfindungen, die in uns aufsteigen, einzuschließen. So möge das glaubende Herz die unchristliche Philosophie von der Willensfreiheit weit von sich wegtreiben, und möge ein jeder von uns sich als das erkennen, was er in Wirklichkeit ist, nämlich der Sündenknecht, damit er durch die Gnade Christi zur Freiheit geführt werde. Es ist der Gipfel der Torheit, sich irgendeiner anderen Freiheit zu rühmen.*[5]

Wir könnten den dreifachen Zustand des Menschen in bezug auf das Problem des Willens wie folgt darstellen:

| Ursprünglicher Zustand | Gefallener Zustand | Erlöster Zustand | |
|---|---|---|---|
| | | Gegenwärtiger Aspekt | Zukünftiger Aspekt |
| Kraft, nicht zu sündigen; aber fähig, zu sündigen | Kraft, nur zu sündigen | Kraft, nicht zu sündigen; aber fähig, zu sündigen | Nicht fähig, zu sündigen |
| Freiheit des Willens | Knechtschaft des Willens | Freih. d. Willens | Freiheit des Willens |
| ADAM UND EVA | SOLCHE IM ERSTEN ADAM | SOLCHE IM LETZTEN ADAM | SOLCHE IM LETZTEN ADAM |

Es gibt mehrere Dinge, die bei der Betrachtung des gefallenen Menschen zu beachten sind.

1. Der gefallene Mensch vermag nichts zu tun, was absolut gut ist.

2. Er vermag – und häufig geschieht es auch – relativ Gutes zu tun wegen der allgemeinen Gnade Gottes.

3. Wenn immer der gefallene Mensch wählt, so geschieht das im Kontext einer Sündenversklavung (Röm. 6, 17. 20).

4. Der einzige Ausweg aus dieser Sündenversklavung ist Gottes erlösende Gnade.

Die Emotionen des Menschen sind niedrig und zügellos. Der Verfasser der Sprüche beschreibt zum Beispiel die Gottlosen als solche, »die sich freuen, Böses zu tun, und sind fröhlich über böse Ränke« (Spr. 2, 14).

Arminius gibt eine sehr klare Beschreibung des menschlichen Zustandes vor und nach dem Sündenfall.

> *In seinem ursprünglichen Zustand, wie er aus den Händen seines Schöpfers kam, war der Mensch mit einem solchen Maß an Erkenntnis, Heiligkeit und Kraft ausgerüstet, daß er imstande war,* DAS WAHRE GUTE, *entsprechend dem ihm gegebenen Gebot, zu verstehen, zu würdigen, zu achten, zu wollen und zu vollbringen. Keines davon konnte er tun, außer durch den Beistand der göttlichen Gnade. Aber in seinem gefallenen und sündigen Zustand ist der Mensch weder von noch durch sich selbst fähig, das wirklich Gute zu denken, zu wollen oder zu tun; aber er muß durch Gott in Christus und dem Heiligen Geist wiedergeboren und in seinem Verstand, seinen Neigungen, seinem Willen und in all seinem Vermögen erneuert werden, damit er qualifiziert wird, das, was wirklich gut ist, richtig zu verstehen, zu würdigen, zu achten, zu wollen und zu vollbringen.*[6]

Der Prophet faßt es passend zusammen: »Es ist das Herz (der Mensch in der Totalität seines Wesens) ein trotzig und verzagt Ding; wer kann es ergründen?« (Jer. 17, 9). Mit den Worten von Paulus: Der natürliche Mensch ist geistlich tot (Eph. 2, 1).

# 2 Die Grundlage des Heils

Wir müssen hier zwischen der Elementargrundlage und der Ausführungsgrundlage des Heils unterscheiden: Die erstere ist mit Gottes souveräner Gnadenerwählung verknüpft, die letztere mit der Sendung seines Sohnes zur Durchführung dieser Erwählungsabsicht; die erstere ist eine Angelegenheit von Gottes ewigem Plan, die letztere bezieht sich auf die Verwirklichung dieses Planes in der Geschichte.

## *Gottes ewiger Ratschluß – Erwählung*

Es liegt nicht in der Absicht dieser Studie, eine umfassende Behandlung der Lehre von der Erwählung vorzulegen, sondern vielmehr den Kern dieses biblischen Konzeptes, wie es in seiner Beziehung zur Lehre vom Heil gesehen wird, aufzuzeigen. Zu diesem Zweck wollen wir kurz drei Hauptansichten anschauen und dann zwei Schlüsselbibelstellen untersuchen.

### Drei Hauptansichten

Die *arminianische Auffassung* vertritt, daß Gott auf der Grundlage vorausgesehenen Glaubens erwählt. Henry C. Thiessen stellt deutlich fest: »Mit Erwählung meinen wir jenen souveränen Gnadenakt Gottes, durch den er in Christus Jesus all diejenigen zum Heil erwählt, von welchen er im voraus wußte, daß sie ihn annehmen würden.«[1] Thiessen entwickelt sein Argument wie folgt:

1. Erwählung ist ein souveräner Akt Gottes, frei von jeglicher Verpflichtung, irgend jemand zu erwählen. Alle stehen gleichermaßen wegen der Sünde verurteilt vor Gott, und darum hätten alle ohne weiteres verdammt werden können.
2. Es war ein Gnadenakt in dem Sinne, daß er solche erwählte, die es nicht im geringsten verdient hatten.
3. Es geschah »in Christus«; er (der Vater) erwählte aufgrund der Verdienste seines Sohnes.
4. Er erwählte solche, von denen er im voraus wußte, daß sie glauben würden. Bibelstellen für diesen Punkt sind Römer 8, 29–30 und 1. Petrus 1, 1–2.
5. Es wird davon ausgegangen, daß Gott in seiner Gnade allen Menschen genügende Fähigkeit verlieh, Christus anzunehmen. »Darin besteht das Heil, daß Gottes Gnade gebracht wurde, die allen Menschen erschie-

nen ist. In seinem Vorauswissen erkennt er, was jeder mit dieser wiederhergestellten Fähigkeit tun wird, und erwählt Menschen zum Heil in Übereinstimmung mit seinem Wissen um ihre Entscheidung für ihn.«[2]

Nach *barthianischer Auffassung* ist Erwählung in erster Linie die Erwählung Jesu Christi, zweitens die Erwählung der Gemeinde und drittens die Erwählung des einzelnen. Die erste ist für die These Barths von größter Wichtigkeit. Die Lehre der Versöhnung in Christus kann nur vom Geheimnis des entscheidenden Erwählungswortes in Christus her verstanden werden. Erwählung in Christus ist das Wunder, das Gott unter *allen* Menschen gewirkt hat. Dieses herrliche Wunder besteht darin, daß Jesus Christus der erwählende Gott und der erwählte Mensch *in einem* ist. Wo es hier notwendig ist, von einer doppelten Erwählung zu reden, kann dies nur von Golgatha aus gesehen geschehen. Dieser erwählte Mensch ist auch der verworfene Mensch, der, welcher den Zorn Gottes bis zum Ende durchsteht. Es ist hier nicht die Rede von der Erwählung der einen Menschen und der Verwerfung der anderen, sondern nur von einer doppelten Erwählung in Christus und hinsichtlich Christi. Barth sagt: »In ihrer einfachsten und umfassendsten Form besteht also die Erwählungslehre in der Erklärung, daß die göttliche Erwählung die Erwählung Jesu Christi ist . . . Jesus Christus ist der erwählende Gott und . . . auch der erwählte Mensch.«[3]

Barths radikale Revision der reformatorischen Erwählungsauffassung läßt unweigerlich die Frage aufkommen, ob seine Ansicht nicht folgerichtig die Annahme eines ausgesprochenen Universalismus erforderlich macht. Barth verneint das! Berkouver jedoch schreibt: »Es gibt keine Alternative zu der Schlußfolgerung, daß Barths Weigerung, die Apokatastasis (Universalismus) zu akzeptieren, nicht mit der fundamentalen Struktur seiner Erwählungslehre harmonisiert werden kann.«[4]

Henry Buis schreibt: »Wenn Barth sagt, daß alle Menschen in Christus erwählt seien, daß der Hauptunterschied zwischen Gläubigen und Ungläubigen lediglich darin bestehe, daß der Ungläubige noch nicht um seine Erwählung weiß, und daß kein Mensch verstoßen sei, weil Jesus selbst die Verstoßung des Menschen auf sich nahm, so fällt es schwer zu sehen, daß Barth etwas anderes als Universalismus vertritt.«[5]

Barths Erwählungsauffassung macht das Evangelisieren zu einer Bekanntgabe der Annahme des Sünders in Christus statt zu einer Bußaufforderung an ihn; in diesem Sinne beginnt er auch seine Gefangenen-Predigten mit »Liebe Brüder und Schwestern«.

Die *calvinistische Auffassung* besagt, daß Gott bedingungslos erwählt. Es gibt im Geschöpf nichts, das ihn veranlaßt, seine Wahl auf den einen fallen zu lassen und den anderen zu übergehen. Berkhof bringt den Standpunkt deutlich zum Ausdruck: Erwählung ist »jener Ewigkeitsakt Gottes, durch den er – nach seinem freien Wohlgefallen und nicht aufgrund eines vorausgesehenen Verdienstes – eine bestimmte Anzahl von Menschen zu Empfängern besonderer Gnade und ewigen Heils erwählt«.[6] Berkhof skizziert die Erwählungsmerkmale wie folgt:

1. Sie findet ihren Beweggrund im souveränen Willen Gottes, in seinem göttlichen Wohlgefallen.

2. Sie macht die in Christus Erwählten des Heils gewiß (Röm. 8, 29f.).

3. Sie entspringt der Ewigkeit und ist nicht zu verwechseln mit der Idee *zeitlicher* Erwählung (Eph. 1, 4f.).

4. Sie ist bedingungslos und in keiner Weise abhängig vom vorausgesehenen Glauben oder von guten Werken des Menschen. Sie beruht ausschließlich auf dem souveränen Wohlgefallen Gottes, der auch den Glauben gibt (Apg. 13, 28; Röm. 9, 11; 2. Tim. 1, 9; 1. Petr. 1, 2).

5. Sie ist unwiderstehlich. »Das bedeutet nicht, daß der Mensch ihr nicht bis zu einem gewissen Grade widerstreben kann; es bedeutet aber, daß sein Widerstand nicht die Oberhand behält. Es bedeutet auch nicht, daß Gott bei der Ausführung seiner Entscheidung den menschlichen Willen in einer Weise überwältigt, die sich nicht mit der Willensfreiheit des Menschen vereinbaren läßt. Es bedeutet jedoch, daß Gott einen solchen Einfluß auf den menschlichen Geist ausüben kann – und es auch tut –, daß er willig wird (Ps. 110, 3; Phil. 2, 13).«[7]

## *Zwei Schlüsselstellen*

### Epheser 1, 4–5

> *»In ihm hat er uns erwählt vor der Schöpfung der Welt, damit wir heilig und untadelig vor ihm sein sollten; in seiner Liebe hat er uns im voraus dazu bestimmt, seine Kinder zu sein durch Jesus Christus nach dem Wohlgefallen seines Willens.«*

Diese Schriftstelle lehrt uns eine Anzahl wichtiger Gedanken.

1. Der Ursprung unserer Erwählung: »Er (der Vater) hat uns erwählt.«

2. Die Sphäre unserer Erwählung: »In ihm (Christus) hat er (der Vater) uns erwählt.« Die reformatorische Theologie vertritt den Standpunkt, daß es eine göttliche Entscheidung gibt, die dieser Erwählung in Christus vorausgeht. Wie wir vorher gesehen haben, leugnet Barth dies. Er vertritt die Meinung, daß wir hinter der Offenbarung in Christus nicht eine unabhängige Entscheidung Gottes sehen dürfen, sondern daß wir im buchstäblichsten Sinn des Wortes die Erwählung ausschließlich in Christus begründet sehen müssen. Er ist der erwählende Gott und der Erwählte.

3. Der Zeitpunkt unserer Erwählung: »Vor der Schöpfung der Welt.« Wir sind der Gegenstand der Ewigkeitswahl Gottes gewesen.

4. Der Zweck unserer Erwählung: »Damit wir heilig und untadelig vor ihm sein sollten.« Wenn Paulus hier Bezug auf die Heiligung nimmt, dann können wir auf zwei Dinge schließen. *Erstens:* Heiligkeit kann nicht die Grundlage der Erwählung sein. Wenn Menschen dazu erwählt sind, heilig zu sein, dann können sie nicht erwählt sein, weil sie heilig sind. *Zweitens:* Heiligkeit ist der Beweis für die Erwählung. Es ist ein ausgesprochener Widerspruch, wenn jemand zur Heiligkeit erwählt sein will und doch in Sünde lebt.

Ein anderer Zweck unserer Erwählung ist die Adoption: »In seiner Liebe hat er uns dazu bestimmt, seine Kinder zu sein.« Die Adoptionslehre wird zu einem späteren Zeitpunkt behandelt.

5. Das Motiv für unsere Erwählung: »In seiner Liebe hat er uns bestimmt.« (Die Frage erhebt sich, wie »Liebe« im Satzgefüge einzuordnen ist, aber die Wiedergabe des hier verwendeten revidierten Luthertextes scheint den Vorzug zu verdienen.)

6. Die Grundlage unserer Erwählung: »Nach dem Wohlgefallen seines Willens.« Paulus scheint hier die unbedingte Erwählung zu lehren. Mit unbedingt ist gemeint, daß die Erwählung nicht durch irgend etwas im Geschöpf bedingt ist und auch in keiner Weise von etwas abhängig ist, das auf dem Geschöpf beruht, sei es vorhergewußter Glaube oder vorhergewußte gute Werke. Sie hängt völlig vom souveränen Wohlgefallen Gottes ab.

Römer 8, 28–30

> »*Wir wissen aber, daß denen, die Gott lieben, alle Dinge zum Besten dienen, denen, die nach seinem Ratschluß berufen sind. Denn die er ausersehen hat, die hat er auch vorherbestimmt, daß sie dem Bild seines Sohnes gleich sein sollten, damit dieser der Erstgeborene unter vielen Brüdern sei. Die er aber vorherbestimmt hat, die hat er auch berufen; die er aber berufen hat, die hat er auch gerecht gemacht; die er aber gerecht gemacht hat, die hat er auch verherrlicht.*«

Dieser Abschnitt ist für den Brückenschlag zwischen Gottes ewigem Plan und der Ausführung desselben, heilsgeschichtlich gesehen, von größter Wichtigkeit. Der bekannte lutherische Theologe Anders Nygren beschreibt diesen Brückenschlag treffend.

> »*Dies sind gewichtige Bestätigungen, die eng zusammengehören und sich* von Ewigkeit – *durch die Zeit hindurch – zu Ewigkeit erstrecken. Das Konzept von den zwei Äonen wird hier transzendiert. Gottes ewiger Plan bestand* vor *dem alten Äon.* ›*Vor der Schöpfung der Welt*‹ *beschloß Gott seinen Erwählungsplan. Das ist es, was jetzt seiner Verwirklichung in der Welt entgegengeht, wenn Gott Menschen ruft und gerecht spricht. Und das ist es, was er in Ewigkeit zur Vollendung führen wird, wenn er sie verherrlicht. Paulus*

*wollte so zeigen, wie alles – von der ewigen Erwählung bis zur zukünftigen Herrlichkeit – völlig in Gottes Hand ist. Da gibt es weder für Zufall noch für Willkür Raum.«*[8]

Gottes ewiger Ratschluß schließt Vorherwissen und Vorherbestimmung ein.

»Die er ausersehen hat« – das Problem hier ist, die exakte Bedeutung des Vorherwissens Gottes festzustellen. Manchmal wird das mit »ausersehen« übersetzte Wort im Sinne von »vorherkennen« gebraucht (vgl. Apg. 26, 5; 2. Petr. 3, 17). Es könnte sich also auf Gottes ewiges Vorherwissen all dessen, was kommen wird, beziehen. Bibelausleger wie H. P. Liddon[9] sehen hier eine solche Bedeutung.

Wenn es hier einfach um ein »Vorher-Wissen« geht, dann stellen wir natürlich die Frage: »Durch welches unterscheidende Element sind solche, auf die sich unser Text bezieht, unterschieden worden? Ganz eindeutig gibt Paulus hier keine Antwort auf diese Frage. Verschiedene Antworten werden vorgeschlagen. Eine der am meisten verbreiteten ist, daß das, worum es geht, Gottes Vorherwissen des Glaubens ist.

Auch wenn wir einräumen würden, daß »ausersehen« das Vorherwissen des Glaubens bedeutet (was wir aus nachstehend angeführten Gründen nicht können), so wäre die biblische Lehre von der unbedingten Erwählung damit nicht widerlegt. Wir würden einfach gezwungen sein, eine andere Frage zu stellen: »Woher der Glaube, den Gott vorherweiß?« Und die einzige biblische Antwort, die wir darauf entdecken können, ist, daß der Glaube, den Gott vorhersieht, von ihm souverän mitgeteilt wird. (Vgl. Joh. 3, 3–8; 6, 44–45. 65; Eph. 2, 8; 1. Petr. 1, 2.) Professor John Murray hält fest: »Also ist sein ewiges Vorherwissen des Glaubens vorbedingt durch seinen Beschluß, diesen Glauben in solchen zu wirken, bei denen er vorherweiß, daß sie glauben, und wir sind zurückgeworfen auf die Differenzierung, die aus Gottes eigener ewiger und freier Erwählung zum Glauben und zu seinen Folgen hervorgeht.«[10]

Aber – und das ist wichtig – der Text stellt fest: »Die er ausersehen hat.« *Die* ist das Verbobjekt, und es gibt keine qualifizierende Beifügung. Allein diese Tatsache deutet an, daß der Ausdruck »die er ausersehen hat« in sich selbst das vorausgesetzte unterscheidende Element enthält. »Hätte der Apostel an irgendeine qualifizierende Beifügung gedacht, wäre es einfach gewesen, sie hinzuzufügen. Da er jedoch nichts hinzufügt, sind wir gezwungen, nachzuforschen, ob die von ihm verwendeten Worte die besagte Unterscheidung ausdrücken können. Ihre Verwendung in der Heiligen Schrift vermittelt eine bejahende Antwort.«[11] Die folgenden Bibelstellen zeigen deutlich, daß das Wort »ausersehen« häufig eine Bedeutung besitzt, die über bloßes Wissen hinausgeht und auf den bedeutsamen Gedanken hinweist von »Liebe«, »auf jemand sehen«, »beachten«, »sich jemandes annehmen«, »jemand erkennen«, »Zuneigung«: 1. Mose 18,

19; 2. Mose 2, 25; Psalm 1, 6; 144, 3; Jeremia 1, 5, Hosea 13, 5; Amos 3, 2; Matthäus 7, 23; 1. Korinther 8, 3; Galater 4, 9; 2. Timotheus 2, 19; 1. Johannes 3, 1.

Wir können daraus also folgern, daß der Ausdruck »die er ausersehen hat« am besten verstanden werden kann im Sinne von »auf jemand sehen« oder »die er von Ewigkeit her mit besonderer Liebe erkannte« und praktisch gleichbedeutend ist mit »die er zuvor liebte«.

»Die hat er auch vorherbestimmt« – diejenigen, denen er seine souveräne, besondere Liebe zuwendet, hat er vorherbestimmt (»prädestiniert«), daß sie dem Bilde seines Sohnes gleich sein sollten. »Ausersehen« lenkt unser Augenmerk auf die Grundlage unserer Erwählung, »vorherbestimmt« auf den Zweck, für den die so Erwählten bestimmt sind.

Die zwei vorangehenden Verse (Röm. 8, 28 und 29) befassen sich mit dem ewigen Ratschluß Gottes, indem sie ihn im Sinne des Vorherwissens und der Vorherbestimmung erklären. Nun wendet der Apostel seine Aufmerksamkeit (V. 30) der zeitlichen Verwirklichung, der Aktualisierung dieses Ratschlusses in den Gotteskindern zu. Er tut dies unter Bezugnahme auf drei göttliche Handlungen: Berufung, Rechtfertigung und Verherrlichung. Diese seien hier nur erwähnt, weil sie später eingehender behandelt werden.

Die Struktur dieses Abschnitts kann mit folgendem Diagramm dargestellt werden:

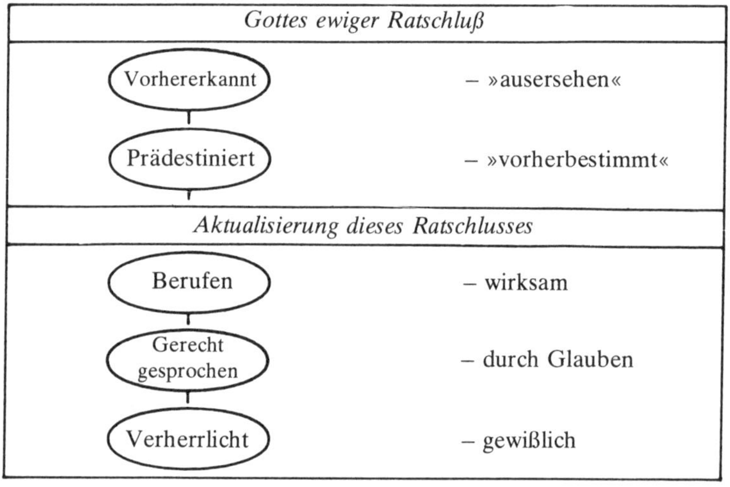


(»Verherrlicht« steht in der Vergangenheit; dadurch wird die Bestimmtheit des Ereignisses angedeutet. Dieses letzte Glied in der unzerreißbaren Kette des Erlösungswerkes Gottes wird hier aus der göttlichen Perspektive als eine vollendete Tatsache gesehen.)

## *Das Erlösungswerk Christi – Geschichte*

Was Gott sich in seinem ewigen Ratschluß vorgenommen hat, das hat er in der Geschichte ausgeführt. »Gott führt seinen Plan in Verbindung mit bestimmten zeitlichen Geschehnissen durch.«[12] Das ist in der gegenwärtigen theologischen Auseinandersetzung zu einem der am meisten diskutierten Themen geworden. Zwei Hauptansichten sollen hier Erwähnung finden.

### Existentialauffassung

Nach Bultmann ist der Kern der christlichen Botschaft *ein Ruf zur Entscheidung,* der die Basis für ein neues Selbstverständnis bildet. Bultmann trennt die Existenzfrage im Neuen Testament fast völlig von der Heilsgeschichte. Cullmann bemerkt kennzeichnenderweise, »daß die Forderung, sein Selbst auf eine zusammenhängende, bestimmte, Vergangenheit, Gegenwart und Zukunft umfassende göttliche Geschichte auszurichten, eine Heilsvorstellung ist, die vom modernen Denken weit entfernt und ihm fremd ist.«[14]
Carl F. H. Henry schreibt:

> *Das lang anhaltende Versäumnis der deutschen Theologie, die existential-dialektische Auffassung zurückzuweisen, daß die geschichtlichen Aspekte der christlichen Offenbarung unwesentlich seien, hatte die kontinentalen Dogmatiker mit der Atmosphäre eines exklusiven Privatklubs umgeben. Die Mitgliedschaft war hauptsächlich solchen Gelehrten vorbehalten, die das spekulative Dogma vertraten, daß sich geistliche Wahrheit nicht mit geschichtlicher und wissenschaftlicher Wahrheit vereinen lasse. Deshalb betonten sie den kerygmatischen Christus auf Kosten des Jesus der Geschichte, isolierten das Christentum von der Beantwortungsfähigkeit gegenüber wissenschaftlicher und geschichtlicher Anfrage und trennten die Theologie von philosophischer Wahrheit.*[15]

### Geschichtsauffassung

Nach Cullmann ist der Kern der christlichen Botschaft sowohl Heilsgeschichte wie auch christliche Existenz. »Wir meinen, daß nicht nur Ruf und Entscheidung, sondern auch Heilsgeschichte einen wesentlichen Platz in den Büchern des Neuen Testamentes einnehmen.«[16] Eine der Hauptanwendungsformen besonderer Offenbarung ist die des geschichtlichen Ereignisses.[17]

Noch etwas sollte gesagt werden, um deutlich zu unterscheiden zwischen den Heilsgeschichte-Theologen und den traditionell konservativen Theologen. Während beide Schulen in bezug auf die geschichtliche Objektivität und göttliche Bedeutung des Erlösungswerkes übereinstimmen, fehlt diese Übereinstimmung jedoch in bezug auf die Grundlage, auf der diese biblischen Geschehnisse gesichert werden. Während die Heilsgeschichtsauffassung ihre Aufmerksamkeit auf gewisse überrationale existentielle Erfahrungen richtet, achtet die konservative Auffassung auf den göttlich inspirierten Bibelbericht.

# 3 Das Wesen des Heils

Das Wesen des Heils wird durch ein Studium der Versöhnung erkennbar, die Gott durch seinen Sohn Jesus Christus vollbracht hat.

## *Die Notwendigkeit der Versöhnung*

Es sind zwei Haupttheorien, die unsere Aufmerksamkeit verdienen. Die *Theorie der hypothetischen Notwendigkeit* besagt, daß Gott seine Auserwählten ohne Versöhnung hätte erretten können (dem allmächtigen Gott hätten andere Mittel zur Verfügung gestanden), aber er hat diesen Weg gewählt, weil er der Durchführung seines Planes am besten diente. Die zwei denkwürdigen Vertreter dieser Theorie waren Augustin und Thomas von Aquin.[1]

Bei der *Theorie der konsequenten absoluten Notwendigkeit* weist das Wort »konsequent« auf den Gedanken hin, daß Gott niemanden hätte zu erretten brauchen; aber infolge der Tatsache, daß er dies zu tun beschlossen hatte, besagt diese Theorie, daß er es auf dem Wege der Versöhnung tun mußte. Zu den Anhängern dieser Auffassung gehörten George Smeaton, A. A. Hodge und L. Berkhof.[2]

Diese zweite Auffassung scheint gegenüber der ersteren den Vorrang zu verdienen, und zwar aufgrund der folgenden Argumente, die zugegebenermaßen abgeleitet sind.

1. Wegen seiner Heiligkeit kann Gott die Sünde nicht einfach übersehen; seine Gerechtigkeit muß unversehrt bleiben (2. Mose 34, 6–7; 4. Mose 14, 18; Neh. 1, 3 und besonders Röm. 3, 25f.).

2. Die Unveränderlichkeit des göttlichen Gesetzes, in seinem Verhältnis zum Wesen Gottes gesehen, machte es für ihn zu einer Notwendigkeit, vom Sünder Genugtuung zu fordern (5. Mose 27, 26).

3. Die Wahrhaftigkeit Gottes macht Versöhnung erforderlich (4. Mose 23, 19; Röm. 3, 4). Im Garten Eden hatte Gott erklärt, daß der Tod die Strafe für den Ungehorsam sein würde (1. Mose 3, 16f.; vgl. Hes. 18, 4; Röm. 6, 23). Die Glaubwürdigkeit Gottes machte es notwendig, daß diese Strafe entweder vom Übertreter selbst oder von einem Stellvertreter getragen wurde.

4. Der unschätzbare Preis dieses Opfers weist auf die Notwendigkeit der Versöhnung hin. Es ist kaum vorstellbar, daß Gott dies unnötigerweise getan haben würde (Luk. 24, 26; Gal. 3, 21; Hebr. 2, 10; 9, 22f.).

## Lösegeld-Theorie – Origenes (185–254 n. Chr.)

Die Lösegeld-Theorie ist manchmal auch Militär-Theorie genannt worden. Ihre Verfechter argumentierten, daß Satan ein Recht auf seine Gefangenen habe. Der einzige Weg zu ihrer Freilassung bestehe in der Zahlung eines Lösegeldes an Satan. Diese Auffassung wurde in der einen oder anderen Form von einer Reihe von frühen Kirchenvätern vertreten und deshalb patristische Theorie genannt.

Origenes, ein bekannter Anhänger dieser Theorie, schrieb: »›Ein Lösegeld für viele.‹ An wen wurde es gezahlt? Sicher nicht an Gott. Könnte es also an den Bösen gezahlt worden sein? Denn er besaß Gewalt über uns, bis ihm das Lösegeld (nämlich das Leben Jesu) für uns bezahlt wurde.«[3]

Wie haben wir diese Theorie zu bewerten? Am besten scheint wohl, den biblischen Ausdruck »Lösegeld« als Bildsprache zu betrachten, die verdeutlichen möchte, wieviel unsere Erlösung gekostet hat. Wir reden manchmal vom Preis, den eine Mutter zahlt, wenn sie ein Kind zur Welt bringt. Doch es wäre absurd zu fragen, wem sie den Preis bezahlt. Ebenso hat es wenig Sinn zu fragen, wem das Lösegeld, das unsere Erlösung bewirkt hat, bezahlt wurde.

## Satisfaktionstheorie – Anselm (1033–1109 n. Chr.)

Die Satisfaktionstheorie wird in Anselms Buch *Cur Deus Homo* entwikkelt. Er vertrat die Auffassung, daß der freiwillige Tod Christi volle Genugtuung für unsere Sünden anbietet und sein Verdienst jegliche Verpflichtung des Menschen gegenüber Gott mehr als erfüllt.

Anselm argumentiert: »Es entspricht Gott nicht, die Sünde ungestraft zu lassen ... Würde die Sünde ohne Bestrafung davonkommen, dann gäbe es vor Gott keinen Unterschied zwischen dem Schuldigen und dem Unschuldigen, und das geziemt sich Gott nicht ... Deshalb muß die geraubte Ehre wiedererstattet werden, oder die Strafe muß folgen. Andernfalls würde Gott nicht sich selbst gerecht werden oder nach beiden Seiten Schwachheit zeigen. Doch schon der bloße Gedanke daran ist gottlos.«[4]

Auf der positiven Seite sollte folgendes vermerkt werden:

1. Anselm erwies der Theologie einen hervorragenden Dienst, indem er die Versöhnungslehre in den Vordergrund theologischer Erörterung brachte«.[5] 2. »Er befreite die Versöhnungslehre von den grotesken Gedankengängen, in denen die patristische Lehre ihren Ausdruck fand«.[6] 3. Er nahm das Sündenproblem ernst.

Auf der negativen Seite sollte folgendes vermerkt werden: 1. Die verwendete theologische Methode war völlig rationalistisch – der Verstand wurde losgelöst von der Offenbarung Gottes in Christus eingesetzt. 2. Sein System wurde deshalb in einer viel zu juristischen Form präsentiert – seine Theorie »beruht auf einer Gottesschau, in welcher Gott, in seinem Bemühen um seine eigene verletzte Ehre, mehr einem Feudalherrn des Mittelalters gleicht als dem Gott und Vater unseres Herrn Jesus Christus«.[7] 3. Seine Betonung des Genugtuungskonzeptes läßt das neutestamentliche Konzept der Liebe Gottes in den Hintergrund treten. 4. Er unterließ es, klarzumachen, daß der Sünder die Segnungen des Todes Christi nur durch Glauben erlangen kann.

Otto Heick faßt treffend zusammen: »Anselm, darum bemüht, die Versöhnungslehre zu systematisieren, erkannte die fundamentalen Wahrheiten der Schrift wie der christlichen Erfahrung in bezug auf die Sünde des Menschen, nämlich Gottes Gerechtigkeit und die Mittel der Erlösung. Trotz seines mangelhaften Ausdrucks zeichnete Anselm Linien, die grundlegend zu evangelischeren Formen der Lehre hinführten.«[8]

## Sittliche Einfluß-Theorie – Abälard (1079–1142 n. Chr.)

Diese Theorie ist vielleicht am besten als eine Reaktion auf Anselms Standpunkt zu verstehen. Wie erwähnt, verfocht Anselm die Notwendigkeit der Versöhnung weitgehend auf der Grundlage bloßer Logik, losgelöst von der geschichtlichen Offenbarung Gottes im Sohn. Er unterließ es, auf die Liebe Gottes einzugehen, die sie hervorrief wie auch die Liebe, die sie im Menschen bewirkt. Um Anselms Mangelhaftigkeit zu berichtigen, verwarf Abälard die ursprüngliche Genugtuungsthese, auf welcher letzterer seine Theorie aufbaute.

Die besten Informationsquellen für den Standpunkt Abälards sind seine »Epitome christlicher Theologie« und sein »Kommentar zum Römerbrief«. Im letzteren wandte er sich sowohl gegen die patristische Auffassung einer Lösegeldzahlung an den Teufel sowie gegen die von Anselm vertretene Auffassung einer Genugtuungsleistung an Gott. Zusammengefaßt besteht Abälards Auffassung darin, daß »Christi Geburt, Leiden und Sterben Gottes unendliche Liebe zur Menschheit offenbart und in uns eine reziproke Liebe und Dankbarkeit weckt. Diese Liebeshaltung ist die Grundlage für beides: Rechtfertigung und Sündenvergebung.«[9]

Wenn Abälard bekräftigte, daß das Leben und Sterben Christi die höchste Offenbarung der Liebe Gottes darstellen, so sah er richtig. Er korrigierte, was als ein offenkundig schwacher Punkt in Anselms Theorie erschien; doch Abälards Auffassung weist gerade dort ihre schwache Stelle auf, wo sie stark ist. Die Heilige Schrift beschreibt den Tod Christi als eine Kundgebung der Liebe zu *Sündern.* Das heißt, sein Tod stand in notwendiger Beziehung zur Sünde des Menschen.

*Indem die Theorie vom sittlichen Einfluß jegliches objektive Element in der Versöhnung leugnet und die große Fülle biblischer Lehre in bezug auf Christus als Lösegeld für unsere Sünden und in bezug auf ihn als unser Sündenträger ignoriert, verkehrt sie die Reihenfolge. Nach Abälard rettet Gott uns durch das Offenbaren seiner Liebe. Aber gerade in diesem Punkt ist die Theorie vom sittlichen Einfluß am unklarsten. Sie unterläßt es, eine hinlängliche Erklärung dafür zu geben, inwiefern der Tod Christi eine Kundgebung der Liebe Gottes ist, weil sie die Versöhnung nicht als einen objektiven Akt Gottes sieht, durch den die Sünde des Menschen annulliert ist. Die subjektive Aneignung der Versöhnung ist abhängig von der objektiven Tatsache der Versöhnung.*[10]

Beispiel-Theorie – Socinus (1539–1604 n. Chr.)

Die beste Informationsquelle des Sozianismus sind die beiden von Faustus Socinus verfaßten Publikationen *De Jesus Christo Servatore* (1549) und der *Katechismus von Rakov* (1605). Socinus behauptete, es sei inkonsequent, die Gnade Gottes und das Verdienst Christi miteinander zu verbinden, um daraus die Vergebungsgrundlage abzuleiten; es muß entweder das eine oder das andere sein. Socinus entschied sich für das erstere, nämlich, daß Gott aus freien Stücken vergibt. Er behauptete auch, daß, da Schuld persönlich ist, Stellvertretung in Strafbelangen unmöglich sei. Der Tod Christi bewirkte Versöhnung, indem er den Menschen Motive und Ermutigung schenkt, um Buße zu tun und sich ihm zuzuwenden. Christi Rettermacht gründe sich auf die Wahrheit seiner Lehre und auf den Einfluß seines Beispiels. Der Tod Christi sei nur der eines edlen Märtyrers. Die heutigen Vertreter dieser Theorie sind die Unitarier.

Diese Theorie setzt sich aus mehreren durch die Urgemeinde verurteilten Irrlehren zusammen. Sie gründet sich auf eine Neubelebung des Pelagianismus mit seinen Auffassungen von der angeborenen Gutheit und Glaubensfähigkeit des Menschen, auf die Versöhnungslehre des sittlichen Einflusses mit ihrer Betonung des beispielhaften Lebens Christi, auf die skotistische Lehre vom willkürlichen Willen Gottes sowie auf die alte Adoptionstheorie, nach der Christus seiner Menschheit nach nur adoptierter Sohn Gottes gewesen sei.

*Wäre Socinus in der Darlegung einer konstruktiven Versöhnungslehre so tüchtig gewesen wie im Herfallen über die vorherrschende Ansicht, so wäre sein Beitrag an die christliche Theologie in der Tat gewaltig gewesen. Unglücklicherweise jedoch verunmöglichte die Unhaltbarkeit seines allgemeinen theologischen Standpunktes es ihm, einen solchen konstruktiven Beitrag zu leisten. Natürlich liegt ein Stück Wahrheit in der Auffassung, daß Christus in seinem bis zum Tode reichenden Gehorsam ein nachahmenswertes Beispiel ist*

*(1. Petr. 2, 21–23; Matth. 16, 24). Das ist jedoch längst noch nicht eine angemessene Erklärung der Versöhnung.*[11]

### Herrschaftstheorie – Grotius (1583–1645 n. Chr.)

Der sozianische Angriff auf die calvinistische Orthodoxie provozierte einen Gegenangriff, seltsamerweise vom arminianischen Hugo Grotius. Dessen Ansicht wird dargelegt im Buche *Defensio fidei catholicae de satisfactione Christi adversus Faustum Socinum* und beinhaltet folgendes:

> *Die Versöhnung ist eine Genugtuung, die nicht mit irgendeinem wesentlichen Prinzip der göttlichen Natur in Beziehung steht, sondern mit den Notwendigkeiten der Herrschaft. Gottes Herrschaft über das Universum kann nicht aufrechterhalten bleiben noch kann das göttliche Gesetz seine Autorität über seine Untertanen bewahren, wenn nicht die Vergebung des Übertreters begleitet wird von irgendeiner Bekundung des hohen Wertes, den Gott seinem Gesetz beimißt, und der abscheulichen Schuld, es zu übertreten. Solch eine Bekundung der göttlichen Hochschätzung des Gesetzes ist im Leiden und Sterben Christi erbracht. Christus erleidet nicht die genaue Strafe des Gesetzes, aber Gott nimmt sein Leiden als einen Ersatz für die Strafe gnädiglich an.*[12]

Es geht bei dieser Theorie nicht um die Befriedigung göttlicher Gerechtigkeit, sondern um ihre Manifestation.

Die Stärke der Ansicht von Grotius ist, daß Gott als ein sittlicher Herrscher gesehen wird, der stets zum Besten seiner Untertanen handelt. Die hauptsächliche schwache Seite ist, daß sie traditionelle Terminologie mit nichttraditioneller Bedeutung verwendet und daß sie versäumt zu erklären, wie Gott beides sein kann: gerecht und der Rechtfertiger der Sünder. Es macht den Anschein, als gründe sich Gottes Versöhnungswerk auf der Grundlage dessen, was zweckdienlich ist, und nicht, was gerecht ist. »Das hat manchmal Theologen veranlaßt, Grotius' Ansicht mit den Worten des Kaiphas zu karikieren, daß es besser sei, wenn ein Mensch für das Volk stirbt, als wenn das ganze Volk umkommt (Joh. 11, 50).«[13]

### Dramatische Theorie – Gustav Aulén

Gustav Aulén behauptet in seinem Buch *Christus Victor,* daß die »dramatische« Theorie der Versöhnung das Wesen des Werkes Christi versteht im Sinne der Befreiung des Menschen von den Tyrannen Sünde, Gesetz, Tod, Zorn und Teufel. Nach Aulén war das auch die Auffassung der ersten Kirchenväter gewesen, in der Folge durch die Schuld von Anselm und der mittelalterlichen Scholastik verlorengegangen, aber durch Martin Luther wiedergewonnen. »Dieses klassische Versöhnungsmotiv hat mit Drama, Krieg und Sieg zu tun.«[14]

Im Sinne einer Bewertung sollten wir an dieser Stelle den Kommentar von Paul Althaus zur Kenntnis nehmen:

> *Auléns Interpretation von Luther wird von den Quellen nicht gestützt. Die Behauptung, Luther liefere die Grundlage für Auléns dogmatische Bejahung des »klassischen« Typs, ist nicht wahr. Luther setzt den Nachdruck anderswo... Luther setzt bei der Diskussion über Christi Werk den Nachdruck vor allem auf dessen Beziehung zum Zorn Gottes und damit zu unserer Schuld, anstatt auf seine Beziehung zu dämonischen Mächten. Die von Gottes Gerechtigkeit geforderte Genugtuung bildet die ursprüngliche und entscheidende Bedeutung des Werkes Christi und besonders seines Todes. Alles übrige hängt von dieser Genugtuung ab, einschließlich der Zerstörung der Macht und der Autorität der dämonischen Gewalten.*[15]

Es ist wahr, daß die Heilige Schrift an vielen Stellen vom Ringen und Siegen Christi spricht, sowohl in der Prophetie wie in ihrer Erfüllung. (Joh. 16, 33; vgl. 14, 30; Apg. 2, 23; 2. Kor. 2, 14; Kol. 2, 15; Hebr. 2, 14; 1. Joh. 3, 8; Offb. 5, 5; 17, 14.)

> *Der Einwand gegen dieses klassische Motiv besteht nicht darin, daß es Christus als Kämpfer und Eroberer sieht . . . Das Kampf-und-Sieg-Motiv ist sowohl paulinisch wie johannäisch und lenkt unser Augenmerk auf die tiefsten Tiefen des Werkes Christi, die bereits in seiner Erniedrigung offenbar wird, dessen Tiefe nicht verstanden werden kann, ohne sie als Teil des Ringens und des Sieges Christi zu sehen . . .*
>
> *Aber es ist absolut notwendig zu beachten, daß sich die Vorstellung vom Wesen der »besiegten Mächte« im Laufe der Geschichte oft gewandelt hat. Es ist zunehmend offensichtlich geworden, daß wir nicht glauben dürfen, das Kerygma treu präsentiert zu haben, wenn wir Christus Sieger nennen und von seiner ungeheuer gewaltigen Schlacht reden. Denn die Frage ist,* welche *Mächte Christus besiegt hat und wie dieser Sieg im gesamten Kontext des Schriftzeugnisses gesehen wird. Auch wenn wir die kosmischen Perspektiven des Evangeliums wiederentdeckt haben, müssen wir unsere Ansichten auf der Basis des ganzen Evangeliums formulieren. Es ist geboten, immer wieder auf der Hut vor einseitigen Ansichten zu sein und sie zurückzuweisen.*[16]

### Strafstellvertretungstheorie – Calvin (1509–1564 n. Chr.)

Ein klare Darstellung des Standpunktes Calvins liegt im zweiten Band seines *Institutio Christianae Religionis* vor. In diesem Werk legt er dar, daß, da der Mensch durch Ungehorsam in Sünde fiel, Christus durch seinen Gehorsam anstelle des Sünders die Strafe getragen hat, die wir uns zugezogen hatten. »Calvin interpretiert den Tod Christi sowohl im Sinne der forensischen Kategorie der Strafstellvertretung wie der priesterlichen Kategorie eines Sündenopfers, aufgrund dessen Gott uns seine Gunst zuwendet.«[17]

Calvin sagte: »Unser Herr kam zu uns als wahrer Mensch und nahm die Gestalt und den Namen Adams an, um an Adams Stelle dem Vater Gehorsam zu leisten, um unser Fleisch dem gerechten Gericht Gottes als Genugtuungszahlung darzubringen und um in demselben Fleisch die Strafe zu zahlen, die wir verdient hatten.«[18]

Die meisten der von uns bis hierhin betrachteten Ansichten enthalten Wahrheitselemente, aber sie müssen – mit Ausnahme der zuletzt erwähnten – mehr oder weniger als unzulänglich bewertet werden. Christus hat durch seinen Tod tatsächlich volle Genugtuung für unsere Sünden geleistet; er hat tatsächlich durch seinen Tod die Liebe und Dankbarkeit des Gläubigen ihm und anderen gegenüber zu wecken gesucht, aber sicher nicht als Grundlage des Angenommenwerdens von Gott. Gewiß hat er durch seinen Gehorsam bis zum Tode (1. Petr. 2, 21–23; Matth. 16, 24) den Gläubigen ein nachahmenswertes Beispiel gegeben, aber das ist weit entfernt von einer adäquaten Erklärung der Versöhnung.

Im Blick auf die sozinianische Position stellt Berkouwer fest:

> *Die Kontroverse mit den Sozianern ist eine der ernstesten der Kirchengeschichte gewesen, denn sie betraf das Herz der kirchlichen Lehre vom Opfer Christi. Diejenigen, die gegen die Stellvertretung im Opfer Christi Einspruch erheben, bringen die natürliche, unvermeidliche Ablehnung des menschlichen Herzens zum Ausdruck. Durch die Ablehnung der Gabe Gottes verbleiben sie in der Armut ihrer Schuld. Gottes Gnade und Gerechtigkeit sind nur in der echten Stellvertretung, in dem radikalen Opfer, in der Umkehrung der Rollen offenbart.*[19]

Strafstellvertretung ist zentraler Bestandteil der biblischen Versöhnungslehre. In Jesaja 53, 5f. lesen wir: »Er ist um unsrer Missetat willen verwundet und um unsrer Sünde willen zerschlagen. Die Strafe liegt auf ihm, auf daß wir Frieden hätten, und durch seine Wunden sind geheilt . . . der Herr warf unser aller Sünde auf ihn.«

> *Ob es die Menschen haben wollen oder nicht: Dieser Vers (V. 5) sowie der vorangehende enthalten sehr klar die Lehre stellvertretender Versöhnung. Man kann diese Worte nicht lesen, ohne von dem Nachdruck beeindruckt zu sein, den der Prophet auf diesen Gedanken legt. Dieser Gedanke ist so markant, daß ein Gelehrter, der keineswegs ein Konservativer war, sich zu schreiben gedrängt fühlte: »Stellvertretendes Leiden wird in diesem göttlichen Ausspruch in nicht weniger als fünf Sätzen zum Ausdruck gebracht. Es ist, als könnte Gott nicht genug tun, um das klar zu machen.«*[20]

Im Geiste der oben zitierten prophetischen Stelle erklärte Jesus im Blick auf sich selbst: »Denn auch der Menschensohn ist nicht gekommen, um sich dienen zu lassen, sondern um zu dienen und sein Leben zu geben als Lösegeld für viele« (Mark. 10, 45). Beide Ausdrücke, »Lösegeld« *(lytron)* und die Präposition »für« *(anti)*, weisen auf Stellvertretung hin. Eine Unterscheidung ist oft gemacht worden zwischen »für« *(hyper)* = um unsertwillen (2. Kor. 5, 15; vgl. Röm. 5, 6; 1. Kor. 15, 3) und »für« *(anti)* = an unsrer Stelle (Matth. 20, 28; Mark. 10, 45). Aber es muß darauf hingewiesen werden, daß viele eine solche Unterscheidung als für unbegründet halten.

> *Wenn Christus sein Leben als ein Lösegeld* (lytron) *gibt, dann wird das Leben frei, denn er gibt sein Leben. »Das ist um ihretwillen genau der Fall, daß er ihre Stelle einnimmt« (G. Kittel, Theologisches Wörterbuch zum Neuen Testament, S. 373, unter* anti*). Das besagt richtig, daß »anstelle von« und »um . . . willen« sich weder widersprechen noch sich gegenseitig ausschließen. Wenn wir beide Ausdrücke mit »für« übersetzen, dann bezeichnet dieses eine Wort einen zweifachen Aspekt. Es ist gerade die Einzigartigkeit der Tat Christi, die sie nicht zu einer unpersönlichen Stellvertretung macht, sondern zu einer, die anderen Nutzen bringt.*[21]

Zwei paulinische Schriftstellen verdienen hier besondere Erwähnung: Galater 3, 13 und Römer 3, 21–26. »Christus aber hat uns von dem Fluch des Gesetzes erlöst, als er für uns zum Fluch wurde« (Gal. 3, 13). Diese Feststellung kann in keinem anderen Sinn interpretiert werden, als daß Christus, der Sündlose, die Strafe, welche Sünder hätten tragen sollen, rechtlich auf sich genommen hat. In der Römerstelle (3, 21–26) betont der Apostel, daß die Versöhnung durch den Tod Christi kundtut, daß Gott sowohl gerecht wie auch gnädig ist: »Den (Christus) hat Gott . . . als Sühne hingestellt . . . zum Erweis seiner Gerechtigkeit . . . zu erweisen, daß er selbst gerecht ist und den gerecht macht, der aus dem Glauben an Jesus lebt.« Leon Morris sagt: »Es ist sehr schwer zu sehen, was das meint, wenn nicht dieses, daß Christus unsere Strafe getragen hat, so daß Gott die Erhabenheit des göttlichen Gesetzes auch in dem Prozeß bewahrt, durch den schuldige Sünder Vergeben erlangen.«[22]

Andere zu untersuchende Bibelstellen schließen Hebräer 9, 26 und 1. Petrus 2, 24 ein.

| Zusammenfassung der hauptsächlichsten Versöhnungstheorien | | | | |
|---|---|---|---|---|
| Theorie | Ursprüngliche Vertreter | Literarische Quelle | *Hauptgedanke* | *Spätere Vertreter* |
| Lösegeld | Origenes | *Kommentar zum Matth.-Ev.* | *Lösegeld an Teufel gezahlt* | |
| Satisfaktion | Anselm | *Cur Deus Homo?* | *Gottes Gerechtigkeit erhält Genugtuung* | |
| Sittlicher Einfluß | Abälard | *Kommentar zum Römerbrief* | *Erwiderte Liebe sichert Erlösung* | *Schleiermacher, Ritschl, Bushnell* |
| Beispiel | Socinus | *De Jesu Christo Servatore* | *Nachahmung des Beispiels und der Lehre Christi bringt Erlösung* | *Altizer* |
| Herrschaft | Grotius | *Defensio fidei catholicae de satisfactione Christi adversus Faustum Socinum* | *Manifestation nicht Genugtuung göttlicher Gerechtigkeit* | *Daniel Whitby, Samuel Clarke, Richard Watson, J. McLeod Campbell, H. R. Mackintosh* |
| Dramatische | Aulén | *Christus Victor* | *Sieg Christi über böse Mächte* | *Karl Heim, J. S. Whale* |
| Strafstellvertretung | Calvin | *Institutio Christianae Religiones* | *Strafstellvertretung macht Gott gegenüber Sünder gnädig* | *Charles Hodge<br>W. G. T. Shedd<br>L. Berkhof<br>A. H. Strong<br>R. W. Dale<br>James Denny<br>P. T. Forsyth<br>K. Barth* |

## Ein allgemeiner Aspekt: Gehorsam

Das Werk Christi wird in der Heiligen Schrift ziemlich oft unter dem Gesichtspunkt des Gehorsams beschrieben, um auf seine Eignung als einendes oder integrierendes Prinzip hinzuweisen. (Vgl. Jes. 52, 13–15; Joh. 6, 28; 10, 17f.; Röm. 5, 19; Gal. 4, 4; Phil. 2, 7f.; Hebr. 5, 8f.)

Theologen unterscheiden gewöhnlich zwischen dem *aktiven* Gehorsam Christi und seinem *passiven* Gehorsam.

Sein *aktiver* Gehorsam bedeutet, daß er den positiven Forderungen des Gesetzes gehorchte. Paulus stellt fest, daß Christus »unter das Gesetz getan« war (Gal. 4, 4).

Christus, als Jude geboren, war unter das zivile Gesetz getan, und diesem Gesetz unterwarf er sich.

Er war unter das Zeremonialgesetz getan und wurde ihm untertan. Im Alter von acht Tagen wurde er, entsprechend diesem Gesetz, beschnitten. Anläßlich der Reinigung seiner Mutter wurde er im Tempel dargebracht, wie es das Gesetz forderte. Mit zwölf Jahren kam er mit seinen Eltern nach Jerusalem, um das Passahfest zu begehen. Als er sein öffentliches Wirken begonnen hatte, war es seine Gewohnheit, den Synagogengottesdienst zu besuchen. Eine der letzten Handlungen während seines Erdenlebens war die Feier des Passahmahles mit seinen Jüngern.

Durch die Erfüllung des zeremoniellen Aspektes des Gesetzes hob er es auf; denn als es erfüllt war, besaß es keinen Nutzen mehr.

Christus war auch unter das Sittengesetz getan. Gott zu fürchten und seine Gebote zu halten, das war die ganze Pflicht des Menschen; und das war die Pflicht Christi als Mensch. Doch außerdem war Christus als Bürge und Stellvertreter für sein Volk darunter getan.

Sein *passiver* Gehorsam bedeutet, daß er sich den Strafsanktionen des Gesetzes unterwarf. Christus erduldete willig alle Leiden um seines Volkes willen; das war der Wille seines Vaters. Er lehnte sich nicht auf; er schreckte nicht vor denen, die ihn schlugen, zurück und verbarg sein Angesicht nicht vor Schmach und Schande (Jes. 53, 7; 1. Petr. 2, 23f.).

## Besondere Aspekte

Es gibt vier neutestamentliche Wörter, welche bestimmte Züge des Heils in Christus ausdrücken: *Opfer, Sühne, Versöhnung* und *Erlösung.* Jedes von ihnen zeigt den Menschen in einer anderen Beziehung zu demselben Gott: erstens, als eine schuldige Person; zweitens, als einen Gegenstand des göttlichen Zorns; drittens, als einen Feind; viertens, als einen Sklaven.

## EIN VIERFACHES BILD DES RETTUNGSWERKES CHRISTI

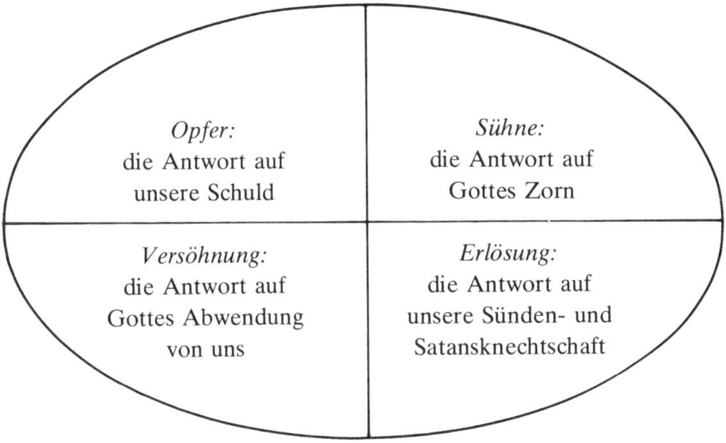


*Opfer* bezieht sich auf die durch unsere Schuld hervorgerufene Notwendigkeit. Es ist fest verankert im Alten Testament und besitzt grundsätzlich (obwohl nicht exklusiv) eine sühnende Bedeutung. Das Opfer war eine von Gott angeordnete Vorkehrung, durch welche die Sünde bedeckt und das dem göttlichen Zorn Ausgesetztsein beseitigt wurde. Die alttestamentlichen Opfer wiesen bestimmte Merkmale auf: 1. Das Opfer mußte ohne Fehl sein – ein Typ für die Sündlosigkeit Jesu. 2. Der Opfernde mußte seine Hände auf das Opfer legen. Hier wurde die Übernahme unserer Schuld durch Jesus vorhergeschaut. 3. Das Opfer wurde geschlachtet. Das deutete hin auf den Tod Jesu um des Sünders willen. 4. Was das Dankopfer betraf, so mußten bestimmte Teile davon dem Priester gegeben werden, und der Rest wurde von den Anbetern in einem Gemeinschaftsmahl gegessen, was auf unsere Gemeinschaft in Christus und untereinander hinwies.

Das ganze Neue Testament spricht vom Sterben Christi als einem Opfer, aber besonders betont tritt dies im Hebräerbrief hervor. Der Verfasser dieses Briefes nimmt auf Christus häufig bezug als einen Hohenpriester, und die vornehmliche Funktion eines Hohenpriesters ist das Darbringen von Opfern (Hebr. 5, 1; 8, 3). Das unterscheidet einen Priester von anderen Menschen. Der Verfasser weist außerdem darauf hin, daß unser großer Hoherpriester etwas zum Opfern haben *muß* (8, 3), und dieses Etwas war er selbst (9, 26). Er allein konnte sowohl Priester wie auch Opfer sein.

Christi Opfer ist in verschiedener Hinsicht einzigartig. Es ist einzigartig, weil es ein für allemal dargebracht wurde, während unter dem levitischen System immer wieder geopfert werden mußte (9, 25). Dieses Ein-fürallemal-Opfer besitzt bleibende Auswirkungen (10, 12. 14). Es ist auch einzigartig, weil es nicht in einem irdischen Heiligtum, sondern im Himmel dargebracht wurde (4, 14; 9, 24). Es gab zu einem solchen Opfer nichts mehr hinzuzufügen.

Des weiteren ist Christi Opfer besonderer Art, weil es allein die wesensmäßige Eigenschaft besitzt, die Sünde des Menschen zu sühnen. Tieropfer konnten das nur symbolisch als Vorwegnahme des Werkes Christi tun (10, 4). Es ist auch einzigartig, weil es einen uneingeschränkten Zutritt zur direkten Gegenwart Gottes für sein ganzes Volk eröffnet hat (10, 19–22). Unter der mosaischen Haushaltung ging nur der Hohepriester in das Allerheiligste, und das nur einmal im Jahr – am Versöhnungstage (9, 6f.). Es ist einzigartig, weil es ein aktives Handeln des göttlichen Willens war, nicht ein passives Geschehen wie im Falle der Tieropfer (10, 5–10).

*Sühne* bezieht sich auf die Notwendigkeit, die sich aus dem Zorn Gottes ergibt. Das griechische Wort, das mit unserem deutschen Wort »Sühne« übersetzt wird, wird im Neuen Testament nur dreimal verwendet (Röm. 3, 25; 1. Joh. 2, 2; 4, 10), obwohl es in der Septuaginta für unser deutsches Wort »Versöhnung« steht.

Um den Sinn von »Sühne« zu bestimmen, sollten wir zum einen beachten, daß der Begriff im hebräischen Alten Testament durch ein Wort ausgedrückt wird, das »bedecken« bedeutet. Dieses Bedecken vollzieht sich in bezug auf die Sünde, und die Wirkung besteht in der Reinigung und in der Vergebung. Sowohl das Bedecken wie auch seine Auswirkungen finden vor dem Herrn statt (3. Mose 4, 35; 10, 17; 16, 30).

Dieser letzte Punkt unterstreicht die Tatsache, daß die Sünde eine die Beziehung zum Herrn betreffende Situation schafft, eine Situation, die das Bedecken notwendig macht.

Das Bedecken ist jener Vorgang, durch den die Aufhebung des durch die Sünde hervorgerufenen göttlichen Mißfallens bewirkt wird.

Der Begriff des Zornes Gottes findet sich vor allem im Alten Testament und taucht nicht nur exklusiv bei einem oder zwei Verfassern auf, sondern ist im ganzen Alten Testament anzutreffen. Dieser Begriff betont den Ernst der Sünde (Ps. 11, 5–7; 97, 10; Jer. 44, 4). Es ist jedoch darauf zu achten, daß man die Sühne nicht als ein Werk versteht, durch das der Sohn einen erzürnten Vater zu Milde und Liebe bewegt. Vielmehr ist die Liebe Gottes die Quelle, der die Versöhnung entspringt. »So sehr hat Gott . . . geliebt, daß er . . . dahingab« (Joh. 3, 16).

Aufgrund der alttestamentlichen Aussagen können wir sagen, daß die Liebe und der Abscheu Gottes miteinander vereinbare Aspekte der göttlichen Natur sind. Beim göttlichen Zorn handelt es sich natürlich nicht um einen plötzlichen, unbeherrschten Temperamentsausbruch, sondern vielmehr um eine bewußte, beherrschte Indignation der Sünde gegenüber. Es ist die gerechte Reaktion des Wesens Gottes gegen das im Widerspruch zu seiner Heiligkeit Stehende.

Die Lehre von der Sühne läßt sich wie folgt darstellen:

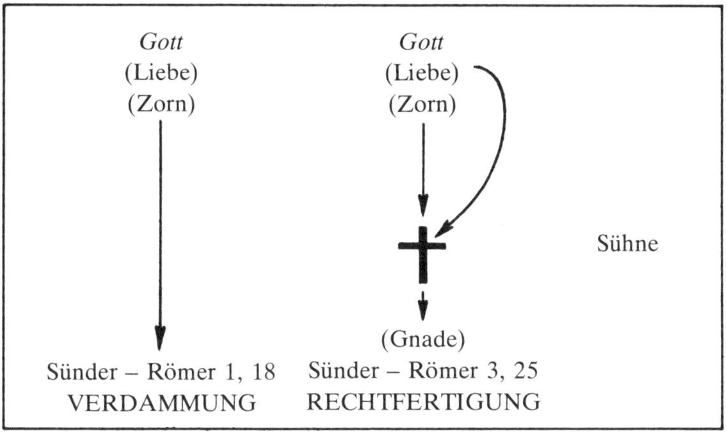


*Versöhnung* bezieht sich auf die Notwendigkeit, die durch die Abwendung Gottes von uns hervorgerufen wurde. Sie setzt unterbrochene Beziehungen zwischen Gott und Menschen voraus, eine Abwendung, die unsererseits durch die Sünde verursacht wurde (Jes. 59, 2). Einige Gelehrte (T. H. Hughes, Vincent Taylor, Paul Althaus) halten dies für die wichtigste Betrachtungsweise der Versöhnung; aber im Lichte der Tatsache, daß dieser Begriff nur wenige Male im Neuen Testament erscheint, läßt sich diese Auffassung nur schwerlich unterstützen. Er wird nur bei vier paulinischen Stellen verwendet (Röm. 5, 10f.; 2. Kor. 5, 18–20; Eph. 2, 16; Kol. 1, 20f.) und findet sich kaum je außerhalb seiner Briefe.

W. H. Griffith Thomas schreibt über Versöhnung:

> *Diese bezieht sich auf die Beilegung von Differenzen durch die Beseitigung von Feindschaft und Entzweiung. Es besteht praktisch Einstimmigkeit unter den Gelehrten darüber, daß Versöhnung bei Paulus eine Änderung der Beziehung auf Gottes Seite gegenüber dem Menschen bedeutet – etwas, das Gott für den Menschen tat und umgewandelt hat, was sonst seine Haltung zum Sünder gewesen wäre. Versöhnung ist also mehr als ein verändertes Empfinden auf seiten des Menschen Gott gegenüber und muß* in erster Linie einen Beziehungswechsel bei Gott gegenüber dem Menschen mit sich bringen.[23]

Leon Morris stellt fest: »Paulus versteht unter Versöhnung, daß Gott den Menschen ihre Übertretungen nicht zurechnet.«[24]

Wir wollen kurz zwei bemerkenswerte paulinische Stellen über Versöhnung untersuchen: Römer 5, 6–11 und 2. Korinther 5, 18–21.

*Denn Christus ist bereits zu der Zeit, als wir noch schwach waren, für uns Gottlose gestorben. Nun wird kaum jemand für einen Gerechten sterben; für einen guten Menschen wagt vielleicht einer sein Leben. Gott aber erweist seine Liebe zu uns darin, daß Christus für uns gestorben ist, als wir noch Sünder waren. Um wieviel mehr werden wir durch ihn vor dem Zorngericht bewahrt werden, nachdem wir jetzt durch sein Blut gerecht geworden sind! Denn wenn wir mit Gott versöhnt worden sind durch den Tod seines Sohnes, als wir noch Feinde waren, um wieviel mehr werden wir gerettet werden durch sein Leben, nachdem wir nun versöhnt sind. Aber nicht nur das, sondern wir rühmen uns auch Gottes durch unseren Herrn Jesus Christus, durch den wir jetzt die Versöhnung empfangen haben (Röm. 5, 6–11).*

Paulus stellt den Tod Christi als einen Beweis für die Liebe des Vaters hin: »Gott aber erweist seine Liebe zu uns darin, daß Christus für uns gestorben ist« (8a). »Diese Liebe ist zugleich schöpferisch und unverdient; denn sie streckt sich denen entgegen, die völlig ohnmächtig sind und sich nicht selbst helfen können.«[25]

Paulus weist darauf hin, daß dieser Tod uns versöhnt hat, als wir Feinde waren: »Gott aber erweist seine Liebe zu uns darin, daß Christus für uns gestorben ist, als wir noch Sünder waren« (V. 8), »denn wenn wir mit Gott versöhnt worden sind . . . als wir noch Feinde waren« (V. 10).

Obwohl der Hauptgedanke von »Feinde« im Textzusammenhang der ist, daß die Menschen Gott feindlich gesinnt waren, weist diese Bezeichnung jedoch auf eine starke Reaktion auf seiten Gottes gegenüber der Sünde des Menschen hin. »Im weiteren Kontext des neutestamentlichen Gedankens gesehen, kann Römer 5, 8–11 als Hinweis auf eine Versöhnung bezeichnet werden, die sowohl einen auf Gott bezogenen Aspekt wie auch einen auf den Menschen bezogenen Aspekt aufweist.«[26]

Der Sinn des griechischen Ausdrucks scheint anzudeuten, daß das Versöhnungswerk selbst zu tun hat mit der Beseitigung der Feindschaft zwischen Gott und dem gefallenen Menschen; hingegen ist die veränderte Einstellung des Menschen zu Gott eine Folge der Versöhnung.[27]

Godet gibt dazu folgenden Kommentar:

*Bezeichnet dieses Wort die Feindschaft des Menschen gegenüber Gott oder Gottes Feindschaft gegenüber dem Menschen, den Haß gegen Gott* (dei osores) *oder den Haß Gottes* (Deo odiosi)? *Der erstgenannte Gedanke würde offensichtlich dem Kontext nicht Genüge tun. Die Feindschaft muß vor allem dem zugeordnet werden, dem der Zorn zugeschrieben wird. Und das Blut Christi, durch das wir* gerecht geworden *sind, floß nicht in erster Linie, um eine Änderung unserer Einstellung zu Gott zu bewirken, sondern um eine Änderung in Gottes Haltung uns gegenüber herbeizuführen . . . In unserem Abschnitt erscheint uns die eigentliche Bedeutung nicht unklar. Aus dem Parallelismus der Worte »versöhnt« (V. 10) und »gerecht geworden« (V. 9) ergibt sich, daß es Gott – und nicht der Mensch – ist, der seine Feindschaft aufgibt. So wie Gott durch die Rechtfertigung alle Verdammung auslöscht, so läßt er durch die Versöhnung von seinem Zorn ab.*[28]

2. Korinther 5, 18–21

*Aber das alles kommt von Gott, der uns durch Christus mit sich selber versöhnt hat und uns das Amt anvertraut hat, das die Versöhnung predigt. Denn Gott versöhnte in Christus die Welt mit sich selber und rechnete ihnen ihre Sünden nicht an und hat unter uns das Wort von der Versöhnung aufgerichtet. So sind wir nun Botschafter an Christi Statt: Laßt euch versöhnen mit Gott! Denn er hat den, der ohne Sünde war, für uns zur Sünde gemacht, damit wir in ihm die Gerechtigkeit werden, die vor Gott gilt (2. Kor. 5, 18–21).*

Versöhnung ist eine Tat Gottes, nicht des Menschen: »Gott, der uns . . . mit sich selber versöhnt hat« (V. 18); »Gott versöhnte in Christus die Welt mit sich selber« (V. 19).

Die Versöhnung ist ein vollendetes Werk. Beachten wir die Zeitformen in den Versen 18, 19 und 21. Versöhnung ist nicht etwas, das fortwährend gewirkt wird, sondern vielmehr etwas, das in der Vergangenheit definitiv vollbracht wurde.

Versöhnung hat in der Hauptsache mit dem stellvertretenden Sündentragen Christi zu tun. »Er hat den, der ohne Sünde war, für uns zur Sünde gemacht, damit wir in ihm die Gerechtigkeit werden, die vor Gott gilt« (V. 21).

Versöhnung ist ihrem Wesen nach juristisch zu verstehen: »Und rechnete ihnen ihre Sünden nicht an« (V. 19). »Zurechnen« weist klar darauf hin, daß Paulus eher juristisch als experimentiell denkt. Versöhnung ist eine Tat Gottes in Christus, durch die er den Grund für seine heilige Abwendung vom Sünder beseitigt und ihm so seine Sünden nicht zurechnet. Die subjektive Veränderung in der Einstellung des Sünders gegenüber Gott ist ein Resultat der objektiven, durch Christus vollbrachten Versöhnungstat.

Gläubige Christen sollen als Botschafter Christi die Sünder mit Nachdruck auffordern, im Glauben auf Gottes Tat einzugehen. »Laßt euch versöhnen mit Gott« (V. 20).

*Erlösung* bezieht sich auf die durch die Sündenversklavung des Menschen entstandene Notwendigkeit. Sie spricht von Erwerben und Freikaufen. Freikaufen (Lösegeld) bedeutet die Sicherstellung einer Freilassung durch das Bezahlen eines Preises. Wovon ist der Sünder freigeworden? Vom Gesetz und von der Sünde.

»Christus aber hat uns von dem Fluch des Gesetzes erlöst, als er für uns zum Fluch wurde« (Gal. 3, 13). Ohne Befreiung von diesem Fluch würden wir kein Heil haben.

Christus hat uns befreit von der relativen und einstweiligen Knechtschaft, dessen Instrument die mosaische Haushaltung war. »Nachdem nun aber der Glaube gekommen ist, stehen wir nicht mehr unter dem Aufseher. Denn durch den Glauben seid ihr alle Gottes Kinder in Christus Jesus« (Gal. 3, 25f.).

Christus hat uns erlöst von der Notwendigkeit der Gesetzeseinhaltung als Bedingung des Angenommenseins bei Gott. »Denn wie durch den Ungehorsam des *einen* Menschen die Vielen zu Sündern geworden sind, so werden auch durch den Gehorsam des *Einen* die Vielen zu Gerechten« (Röm. 5, 19). Beachten wir: Als Gläubige sind wir nicht befreit von der Verpflichtung, den Herrn, unseren Gott, zu lieben von ganzem Herzen, von ganzer Seele und von ganzem Gemüte, sowie unseren Nächsten wie uns selbst – das Gesetz ist in diesen zwei Geboten zusammengefaßt (Matth. 22, 37–40; Röm. 13, 10; siehe auch Röm. 8, 1–4).

Erlösung von Sünde umfaßt die verschiedenen Aspekte, unter welchen die Sünde in biblischer Weise gesehen werden kann. Bei der Prüfung von Hebräer 9, 11f. und Offenbarung 5, 9 stellen wir insbesondere fest: 1. Erlösung von Schuld – Rechtfertigung und Sündenvergebung (vgl. Röm. 3, 24; Eph. 1, 7; Kol. 1, 14; Hebr. 9, 15). 2. Erlösung von der Sündenmacht – Befreiung von ihrer versklavenden Befleckung (vgl. Tit. 2, 14; 1. Petr. 1, 18). 3. Erlösung von der Gegenwart der Sünde – Verherrlichung (Röm. 8, 23).

## *Umfang der Versöhnung*

Über den Umfang oder die Reichweite der Versöhnung ist heiß debattiert worden. Unglücklicherweise sind sogar heute Teile der Gemeinde Jesu Christi deswegen zerstritten. Vom Standpunkt der evangelistischen Botschaft aus müßte dieser unselige Umstand gar nicht sein. Ganz gewiß stimmen alle wiedergeborenen Christen darin überein, daß Christus für Sünder starb, und bei der Predigt des Evangeliums ist das alles, was gesagt zu werden braucht. Die Frage nach dem vorgesehenen Umfang der Versöhnung braucht überhaupt nicht ins Spiel zu kommen. Um der Vollständigkeit willen befassen wir uns kurz mit diesem Diskussionsgegenstand.

### Hauptsächliche protestantische Ansichten

Im Rahmen dessen, was schlechthin mit Protestantismus bezeichnet wird, gibt es drei Hauptansichten.

1. Unter *unbegrenztem Universalismus* versteht man die Auffassung, daß Gott die Errettung aller Menschen durch die Versöhnung bestimmt hat und daß folglich und schließlich alle Menschen gerettet werden, wenn nicht in diesem Leben, so doch danach. Dieser Standpunkt wird weitgehend von den Modernisten vertreten, obwohl es auch einen evangelikalen Typ vom Universalismus gibt.

2. Unter *qualifiziertem Universalismus* versteht man die Auffassung, daß Gott alle Menschen durch die Versöhnung erretten will, daß jedoch nicht alle errettet werden, und zwar letztlich wegen Unglauben.

3. Unter *Partikularismus* versteht man die Auffassung, daß Gottes Plan darin besteht, nur die Erwählten durch die Versöhnung zu erretten, und daß folglich nur diese gerettet werden. Diese Auffassung wird von den Calvinisten vertreten.

## Das Problem

In bezug auf die beiden letztgenannten Ansichten ergibt sich der Ausgangspunkt durch die Natur der Begrenzung, die der Versöhnung auferlegt wird. John Murray sagt mit Recht: »Ob nun der Ausdruck ›begrenzte Versöhnung‹ gut ist oder nicht – wir müssen mit der Tatsache rechnen, daß wir nicht eine unbegrenzte Versöhnung haben können, es sei denn, wir glauben an die endliche Wiederherstellung aller Menschen. Wenn wir den Umfang universal sehen, begrenzen wir die Wirksamkeit.«[29]

William G. T. Shedd bietet eine ausgezeichnete Analyse dieses Problems an. Richtigerweise unterscheidet er zwischen einer passiven und einer aktiven Bedeutung des Ausdrucks »Umfang«. Das Wort »Umfang« ist im passiven Sinn äquivalent mit »Wert«. Shedd sagt: »Bei diesem Gebrauch des Ausdrucks stimmen alle, die den Umfang der Versöhnung in irgendeinem evangelikalen Sinn vertreten, darin überein, daß der Umfang der Versöhnung unbegrenzt ist. Christi Tod ist wertmäßig ausreichend genug, um der ewigen Gerechtigkeit für die Sünde der ganzen Menschheit Genüge zu tun.«[30]

Im aktiven Sinn jedoch bezeichnet »Umfang« den Akt des Umfassens. »In diesem Sinn bedeutet ›Umfang‹ der Versöhnung die persönliche Anwendung auf den einzelnen durch den Heiligen Geist. Der Umfang ist jetzt Absicht.«[31] So lautet die Frage in Wirklichkeit: Auf wen erstreckt sich effektiv die Versöhnung? Die schriftgemäße Antwort darauf lautet: Auf die Erwählten. In diesem spezifischen Sinn ist die Versöhnung also begrenzt. »Leute, die über den Umfang der Versöhnung geschrieben haben, haben manchmal die Geschichte des Wortes vernachlässigt, und Mißverständnisse sind unter Disputanten entstanden, die in Wirklichkeit miteinander übereinstimmten.«[32]

Die Diskussion soweit zusammenfassend, können wir folgendes festhalten: Mit dem Wort »Umfang« im passiven Sinne beziehen wir uns auf den eigentlichen Wert der Versöhnung, welche als unbegrenzt betrachtet werden muß. Im aktiven Sinne beziehen wir uns auf beabsichtigte Anwendung, welche also als auf die Erwählten begrenzt betrachtet werden muß.

Eine zusätzliche wesentliche Unterscheidung, die bei dieser Diskussion vorzunehmen ist, bezieht sich auf den Bedeutungsunterschied zwischen Versöhnung und Erlösung. Letztere schließt die Anwendung der Versöhnung ein. »Es ist der Ausdruck ›Erlösung‹ und nicht ›Versöhnung‹, der in diesen Stellen zu finden ist, welche vom Werk Christi im Sinne einer durch das Erwählungsprinzip bedingten Begrenzung reden« (Hebr. 2, 17; Eph. 1, 14; 2, 8f. usw.). Aus diesem Grunde ist es auch richtig, wenn es im *Westminster Confession* heißt, daß »er allen, für die Christus die Erlösung erworben hat, gewißlich und tatsächlich dieselbe auch mitteilt und zueignet.«

In *The Canons of the Synod of Dort* lesen wir in bezug auf den Wert: »Der Tod des Sohnes Gottes ist das einzige und vollkommenste Opfer, die einzige und vollkommenste Genugtuung für die Sünde; er ist von unendlichem Wert, völlig ausreichend, um die Sünden der ganzen Welt zu sühnen.« In bezug auf die Absicht heißt es: »Denn das war der souveräne Ratschluß und der gnädige Wille und Plan Gottes des Vaters, daß sich die lebendigmachende und rettende Wirkung des überaus kostbaren Todes seines Sohnes auf alle Erwählten erstrecken sollte.«[33]

J. Oliver Buswell sagt richtig:

> *Es besteht unter den Anhängern des calvinistischen Lehrsystems keine Frage in bezug auf die Tatsache, daß die Versöhnung Christi in dreifacher Hinsicht universalen Charakter besitzt: 1. Sie ist* ausreichend *für alle. Sie ist in ihrem Wert wie auch in ihrem Wirkungsvermögen absolut unendlich . . . 2. Die Versöhnung ist für alle* geeignet. *Die Art der Fleischwerdung Christi, seines Todes oder seiner Auferstehung weist keinerlei Mangel auf, der sie auf irgendein Glied der Menschheit unter irgendwelchen irdischen Verhältnissen als ungeeignet erscheinen ließe. 3. Die Versöhnung wird allen* angeboten.[34]

Im besonderen geht es bei dem Problem um die Frage nach dem Plan – oder der Absicht – des Versöhnungswerkes Christi. Gemäß der Heiligen Schrift scheint die besondere Absicht des Vaters darin zu bestehen, durch den Tod seines Sohnes das Heil der Erwählten zu erwerben: »Er wird *sein Volk* von seinen Sünden retten« (Matth. 1, 21; vgl. Jes. 53, 8; Luk. 1, 68); »ich lasse mein Leben für *die Schafe*« (Joh. 10, 15; vgl. V. 29); ». . . weissagte er. Denn Jesus sollte sterben . . . um die verstreuten *Kinder Gottes* zusammenzubringen« (Joh. 11, 51f.); »Niemand hat größere Liebe als die, daß er sein Leben für seine *Freunde*« (Joh. 15, 13); ». . . wie auch Christus *die Gemeinde* geliebt und sich selbst für die dahingegeben hat« (Eph. 5, 25); ». . . gekommen . . . um sein Leben zu geben als Lösegeld *für viele*« (Matth. 20, 28; vgl. Matth. 26, 28; Mark. 10, 45); »Christus, der sich selbst *für uns* dahingegeben hat« (Tit. 2, 14).

Zugegeben, diese Bibelstellen an und für sich schließen andere – Nichterwählte – nicht vom rettenden Nutzen des Versöhnungstodes Christi aus. Aber alle diese Stellen weisen mit Bestimmtheit darauf hin, daß die Beziehung seines Erlösungswerkes zu den Geretteten sich anders verhält als zu denen, die verlorengehen.

Die Folgerichtigkeit erfordert, daß der doppelte Aspekt des priesterlichen Wirkens Christi als harmonisch betrachtet wird und daß das Opfer und die Fürbitte ko-extensiv sind. Nach Johannes 17, 9 scheint die Fürbitte Christi sich ausschließlich auf die Geretteten zu beziehen. Er sagt: »Ich bitte für sie und bitte nicht für die Welt, sondern für die, die du mir gegeben hast; denn sie sind dein.« Es erscheint fast unglaublich, daß Christus für etliche, für die er gestorben ist, nicht beten sollte (vgl. Jes. 53, 12; Röm. 8, 34; 1. Joh. 2, 1 f.).

Die Ziele von Erwählung und Erlösung sind dieselben. Paulus schreibt: »Wer will die Auserwählten Gottes beschuldigen? . . . Christus Jesus ist hier, der gestorben ist« (Röm. 8, 33 f.). Christus starb für die Auserwählten. Erwählung und Erlösung besitzen den gleichen Umfang; es werden nicht mehr durch Christus erlöst, als in ihm erwählt sind.

Es werden bestimmte Bibelstellen (z. B. Hes. 33, 11; Joh. 3, 16; 1. Tim. 2, 4; 2. Petr. 3, 9) herangezogen, um die Lehre eines allversöhnenden göttlichen Willens zu begründen. Diese Stellen bedeuten jedoch nicht notwendigerweise, daß der endgültig entscheidende Wille Gottes im Heil für alle Menschen ohne Ausnahme besteht. Sie bekunden das allgemeine Wohlwollen Gottes gegenüber dem gefallenen Menschen und lassen erkennen, wie gerne er dem Sünder das Heil schenkt. Aber man kann wirklich nicht sagen, daß sie mehr als das beweisen.

Unter dem Ausdruck »allen Menschen« in 1. Timotheus 2, 4 verstehen wir normalerweise »etliche von aller Art auf der ganzen Welt«. Der Textzusammenhang spricht für die Richtigkeit dieser Auffassung. Nachdem Paulus in Vers 1 gesagt hat, daß Fürbitte und Gebete für alle Menschen dargebracht werden sollen, fährt er in Vers 2 sofort weiter zu erklären, was er unter »allen Menschen« versteht – alle Klassen von Menschen, einschließlich solche in hoher Verantwortung.

Auch in 2. Petrus 3, 9 finden wir Gottes Geduld gegenüber der ganzen gefallenen Menschheit zum Ausdruck gebracht. Im Evangelium tut Gott seine Liebe allen in der gleichen Weise kund, aber er ergreift (beruft effektiv) nur solche, die er vor Grundlegung der Welt erwählt hat. Wir dürfen nicht vergessen, daß ein souveräner Gott das, was er nicht unbedingt und letztentschieden will, wünscht und an seiner Verwirklichung Wohlgefallen findet.

Andere Bibelstellen scheinen zu lehren, daß etliche, für die Christus starb, verlorengehen. Dazu gehören Römer 14, 15; 1. Korinther 8, 10f.; Hebräer 10, 29 und 2. Petrus 2, 1.

Römer 14, 15 lehrt nicht, daß die »schwächeren Brüder« letztlich verlorengehen. Der Apostel weist die »stärkeren Brüder« an, ihre christliche Freiheit gegenüber den im Glauben Schwächeren verantwortungsbewußt zu gebrauchen, damit sie diese nicht zum Sündigen veranlassen. Man vergleiche damit 1. Korinther 8, 10f.; diese Stelle scheint sich auf die zeitweilige Zerstörung vom Frieden und Trost des schwächeren Bruders zu beziehen.

Sowohl Hebräer 10, 29 wie auch 2. Petrus 2, 1 meinen das, was die Abtrünnigen *vorgaben* zu haben, anstatt das, was sie wirklich hatten. Mit ihrem Leben verleugneten sie denselben Herrn, der sie – nach ihrem eigenen Zeugnis – erkauft hatte.

Schließlich werden einige Stellen so ausgelegt, daß man daraus schließen könnte, das Werk Christi gälte für alle Menschen. Zu den in diesem Zusammenhang zitierten Versen gehören Johannes 12, 32; Römer 5, 18; 2. Korinther 4, 14f.; 1. Timotheus 2, 6 und 1. Timotheus 4, 10. In Wirklichkeit lehrt Johannes 12, 32 im Lichte des Textzusammenhangs (V. 20ff.), daß Christus Menschen aus allen Nationen zu sich ziehen wird – Heiden wie Juden. Dieser Text spricht eher kollektiv von den Menschen als auf jeden einzeln bezüglich.

Römer 5, 18 lehrt, im Lichte des ganzen Briefzusammenhanges, daß die Gerechtigkeitstat eines Menschen zum Freispruch und zum Leben für alle Menschen führt, das heißt, für alle, die zu den Auserwählten gehören (8, 33) und die darum glauben (5, 17). Die Gnadengabe Christi wird allen zur Gerechtigkeit zuteil, das heißt, solchen, die vom geistlichen Samen Christi sind, und niemandem anders. Ebenso müssen unter dem »uns alle« in Römer 8, 32, aufgrund des Kontextes, die verstanden werden, die erwählt worden sind (vgl. 8, 28f.).

Wenn wir den unmittelbaren Textzusammenhang von 2. Korinther 5, 14f. betrachten, stellen wir fest, daß diese Verse lehren, daß Christus für solche starb, die als »in Christus« erkannt werden, für solche, die eine neue Kreatur sind, für solche, die versöhnt sind (V. 17f.).

1. Timotheus 2, 6 kann nicht im Sinne von jedem einzelnen Menschen verstanden werden; denn dann würden entweder alle erkauft sein (Universalismus) oder das Lösegeld würde – wenigstens für etliche – umsonst bezahlt worden sein. Diese Stelle sollte so verstanden werden, daß sie die »vielen« meint, von denen Christus in Matthäus 20, 28 spricht – »sein Leben zu geben als Lösegeld für viele«. Das »Alle« des Apostels ist als Hin-

weis zu verstehen, daß die Heiden – wie die Juden – die Segnungen des Todes Christi erfahren sollten.

Es gibt verschiedene Deutungen von 1. Timotheus 4, 10. Die *universalistische* Auffassung behauptet, daß schließlich alle Menschen gerettet werden – keiner wird verlorengehen. Daß Gott der Heiland der Gläubigen ist, findet seinen Sinn in der Tatsache, daß diese sich früher der Segnungen des Heils erfreuen. Die biblische Lehre von der ewigen Strafe widerlegt diese Auffassung.

Gemäß der *providentiellen* Auffassung ist unter dem Ausdruck »Heiland« Erhalter zu verstehen. Gott errettet alle Menschen, indem er ihnen Leben gibt und ihnen Sonnenschein, Regen und fruchtbare Zeiten beschert. Daß Gott der Heiland der Gläubigen ist, findet seinen besonderen Sinn in der Tatsache, daß sie sich im höchsten Maße dessen erfreuen, wessen sich alle Menschen in einem beschränkten Maße erfreuen. Der Haken bei dieser Auffassung ist, daß sie die geistlichen Heilsaspekte übersieht, die im Textzusammenhang deutlich sichtbar werden.

Gemäß der *potentiell-aktuellen* Auffassung ist Gott der Heiland aller Menschen in dem Sinne, daß er für alle das Heil in Christus wünscht und zugänglich macht. Dieses potentielle, universale Heil wird nur für solche aktuell, die glauben. Das mit dieser Auffassung verbundene Problem ist der Ausdruck »vor allem«, der gewöhnlich so verstanden wird, daß alle Menschen sich in einem gewissen Grad dessen erfreuen, wessen sich die Gläubigen im höchsten Grade erfreuen sollen. Offensichtlich ist eine solche Voraussetzung bei dieser Interpretation nicht gegeben.

Die *zeitlich-ewige* Auffassung beinhaltet, daß es *ein* Heil gibt. Auf Nichtgläubige angewendet, umfaßt es deren Erhaltung in diesem Leben und bestimmte Wohltaten, die durch die allgemeine Gnade allen Menschen zukommen. Auf Gläubige angewendet, erstreckt sich dieses Heil jedoch bis in die Ewigkeit. Diese Auffassung erscheint als die beste, weil sie dem Ausdruck »vor allem« angemessenen Nachdruck verleiht. Außerdem steht sie in Übereinstimmung mit den zeitlich-ewigen Elementen des Kontextes (d. h. 4, 8) und verwendet das Wort »Heiland« in adäquater Weise.

# 4 Die Anwendung des Heils

Wir wenden unsere Aufmerksamkeit nun dem zu, was die Theologen *ordo salutis* nennen, die Anwendungsreihenfolge des Erlösungswerkes Christi, den Heilsweg (s. Anhang A). Diese Reihenfolge ist eher im logischen als im zeitlichen Sinne zu verstehen. Von einer zeitlichen Perspektive aus gesehen, vollziehen sich diese einzelnen Akte gleichzeitig.

## *Berufung*

Wir befassen uns in diesem Bereich unserer Untersuchung nicht mit der beruflichen Berufung. Jede legitime Lebensbeschäftigung ist in bestimmter Weise eine Berufung Gottes (1. Kor. 7, 20. 24); doch die zur Diskussion stehende Berufung ist soteriologischer (heilsmäßiger) Art. So, wie wir den Ausdruck verwenden, ist Berufung der *anfängliche* Rettungsakt Gottes. Das scheint klar aus der von Paulus in Römer 8, 30 aufgestellten Reihenfolge hervorzugehen. Die biblische Lehre erlösungsmäßiger Berufung weist einen zweifachen Aspekt auf.

### Der allgemeine Ruf

Der allgemeine Ruf ist ein Ruf, der durch die Verkündigung des Evangeliums ergeht: Es ist ein Ruf, der die Sünder auffordert, das Heil anzunehmen. »Am letzten Tage des Festes, der der höchste war, trat Jesus auf und rief: Wer durstig ist, der komme zu mir und trinke!« (Joh. 7, 37; vgl. Matth. 11, 28; Jes. 45, 22 usw.).

Diese Botschaft (Kerygma), die vollmächtig proklamiert und nicht nach eigenem Gutdünken diskutiert werden soll, enthält drei wesentliche Elemente: 1. Es ist eine Geschichte historischer Ereignisse – eine historische Proklamation: Christus starb, wurde begraben und auferstand (1. Kor. 15, 3f.). 2. Es ist eine autoritative Interpretation dieser Geschehnisse – eine theologische Auswertung. Christus starb für unsere Sünden. 3. Es ist ein Heilsangebot an alle – ein ethischer Aufruf. Tut Buße! Glaubt!

Der allgemeine Ruf sollte uneingeschränkt und universell ergehen. »Jesus trat heran und sprach zu ihnen (den Jüngern): Mir ist alle Macht gegeben, im Himmel und auf Erden. Darum geht hin und macht alle Völker zu Jüngern« (Matth. 28, 18f.).

Der effektive Ruf

Der effektive Ruf ist wirkungsvoll, das heißt, er resultiert immer in der Errettung. Hierbei handelt es sich um *kreatives* Rufen, das die äußerliche Verkündigung des Evangeliums begleitet; es ist mit der Macht bekleidet, jemanden seinem von Gott zugedachten Schicksal zuzuführen. »Es ist wirklich bemerkenswert, daß im Neuen Testament die Ausdrücke für Rufen, wenn sie besonders in bezug auf die Errettung verwendet werden, sich fast gleichmäßig nicht auf den allgemeinen Evangeliumsruf beziehen, sondern auf den Ruf, der Menschen in einen Heilsstand versetzt und darum wirkungsvoll ist.«[1]

Die wahrscheinlich klassische Stelle für den effektiven Ruf findet sich in Römer 8, 30: »Die er aber vorherbestimmt hat, die hat er auch berufen.« Weitere diesbezügliche Stellen sind u. a. Römer 1, 6f.; 1. Korinther 1, 9. 26 und 2. Petrus 1, 10.

Der wirkungsvolle Ruf ist unveränderlich und inspiriert damit unser Durchhalten. »Denn Gottes Gaben und seine Berufung sind unwiderruflich« (Röm. 11, 29).

Es handelt sich bei diesem Ruf um eine hohe, heilige und himmlische Berufung. Gott »hat uns gerettet und berufen mit einem heiligen Ruf« (2. Tim. 1, 9; vgl. Hebr. 3, 1).

Die *wirkende* Ursache dieses Rufes ist Gott der Vater. »Gott ist treu, durch den ihr berufen seid zur Gemeinschaft mit seinem Sohn Jesus Christus, unserm Herrn« (1. Kor. 1, 9; vgl. Röm. 8, 30; Gal. 1, 15; Eph. 1, 17f.; 2. Tim. 1, 9 usw.).

Die *treibende* Ursache ist, wie wir sahen, der freie Wille und das souveräne Wohlgefallen Gottes. Er hat uns berufen »nach seinem eigenen Ratschluß« (2. Tim. 1, 9). Es ist seine bestimmte Absicht, die ihn veranlaßt, in seiner Gnade zu berufen.

Die *mittelbare* Ursache ist der Dienst des Wortes. »Tatsächlich kommt die Berufung manchmal durch eine bemerkenswerte Fügung zustande – ohne das Wort; aber im allgemeinen geschieht sie durch das Wort: Der Glaube kommt durch das Hören und das Hören durch das Wort Gottes.«[2] Paulus sagte von den Thessalonichern: »Dazu hat er euch auch berufen durch unser Evangelium, damit ihr die Herrlichkeit unsres Herrn Jesus Christus erlangt« (2. Thess. 2, 14).

Während das Evangelium verkündigt wird, ergeht der allgemeine Ruf, und in Übereinstimmung mit seinem souveränen Erwählungsplan läßt Gott ihn im Leben von etlichen wirksam werden. Charles H. Spurgeon schildert in seiner Autobiographie seine eigene Bekehrung und spricht nachdrücklich vom Unterschied zwischen dem allgemeinen und dem wirksamen Ruf.

*Der allgemeine Ruf des Evangeliums ist wie der Flächenblitz, den wir manchmal an einem Sommerabend beobachten können – schön, imposant; aber wer hat schon einmal davon gehört, daß er etwas getroffen hat? Doch der besondere Ruf ist wie ein zickzackförmiger Blitz vom Himmel herab, der irgendwo einschlägt.*[3]

Solche, die den effektiven Ruf empfangen haben, werden aus tiefer Finsternis in das wunderbare Licht gebracht. »Ihr aber seid das auserwählte Geschlecht, das königliche Priestertum, das heilige Volk, Gottes eigenes Volk; deshalb sollt ihr die großen Taten dessen verkündigen, der euch aus der Finsternis in sein wunderbares Licht berufen hat« (1. Petr. 2, 9). »Finsternis« bedeutet hier Unwissenheit – über Gottes makellose Wege, Absichten, Ratschläge, Gnadenmethoden sowie über den eigenen gefallenen Zustand. Durch die Erleuchtung des Geistes wird der Mensch zu einem lebensumwandelnden Erkennen der göttlichen Gnade geführt.

Diese einzelnen Menschen werden aus der Knechtschaft zur Freiheit berufen. »Ihr aber, liebe Brüder, seid zur Freiheit berufen. Nur seht zu, daß ihr durch die Freiheit nicht eurer Selbstsucht Raum gebt; vielmehr diene einer dem andern in Liebe« (Gal. 5, 13). Im natürlichen Zustand ist man durch die Sünde und Satan versklavt; aber durch den effektiven Ruf wird man frei von diesen furchtbaren Fesseln und aufgerufen, fest zu stehen in der Freiheit, zu der Christus freigemacht hat, und den andern in Liebe zu dienen.

Sie sind auch in die Gemeinschaft mit Christus gerufen. »Gott ist treu, durch den ihr berufen seid zur Gemeinschaft mit seinem Sohn Jesus Christus, unserm Herrn« (1. Kor. 1, 9). Der Gläubige ist einer, der effektiv berufen worden ist zur Gemeinschaft *in* und/oder *mit* Christus – beides trifft zu.

Sie sind zum Frieden berufen. »Zum Frieden hat euch Gott berufen« (1. Kor. 7, 15). Dies ist eine Berufung zum Frieden für Sinne und Gewissen, zu einer blühenden Seelenverfassung. Dieser Friede berührt unsere Beziehung zu Gott, zu uns selbst und zu unseren Mitmenschen.

Sie sind berufen aus einem unheiligen Zustand zur Heiligkeit. »Gott hat uns nicht berufen zur Unreinheit, sondern zur Heiligung« (1. Thess. 4, 7). Im Textzusammenhang gesehen, bezieht die genannte Unreinigkeit sich auf den Bereich sexueller Angelegenheiten, doch diese Feststellung würde ebenso wahr sein im Blick auf alle Bereiche des Lebens.

Sie sind berufen zur Gnade Christi. Paulus schreibt an die Galater: »Ich wundere mich, daß ihr euch so bald von dem abbringen laßt, der euch in die Gnade Christi berufen hat« (Gal. 1, 6).

Sie sind berufen zu Glück und Segen in einer anderen Welt. Gott ruft die Gläubigen in sein eigenes Königreich und in die Herrlichkeit (1. Thess. 2, 12; vgl. Joh. 17, 22; Kol. 3, 3; 1. Tim. 6, 12; 1. Petr. 5, 10).

Die Unterscheidung zwischen diesen beiden Aspekten der Berufung Gottes läßt sich bildlich darstellen:

DER ALLGEMEINE RUF (alle, die mit den Ohren hören)

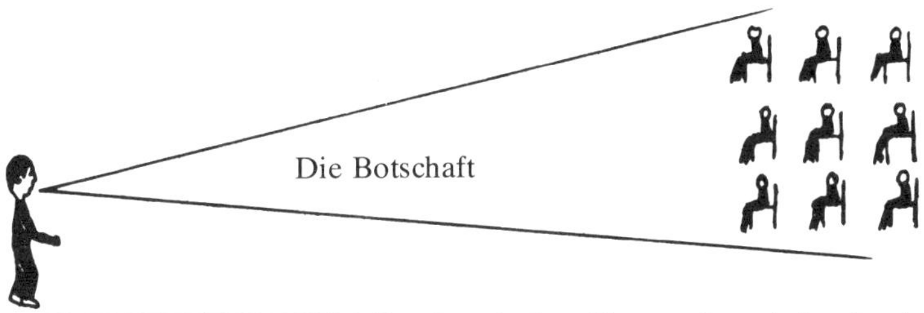


DER EFFEKTIVE RUF (alle, die mit dem Herzen darauf eingehen)

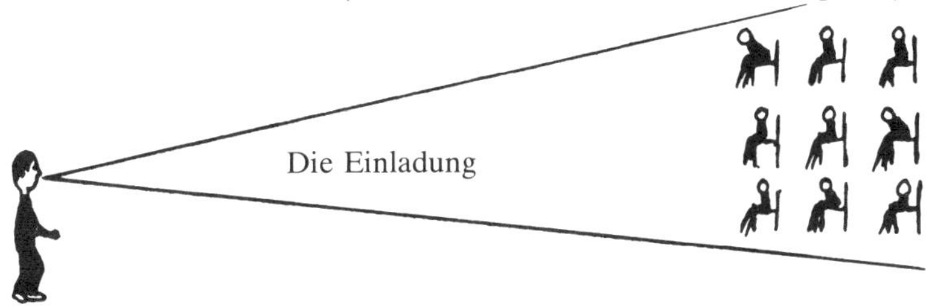


Wiedergeburt

Es ist, wie bereits erwähnt, Gott der Vater, der die Seinen aus dem Reich der Finsternis herausruft in das Reich des Lichtes hinein, aber der Sünder ist selbst für das Kommen verantwortlich. Und doch: wenn jemand in Sünden und Übertretungen *tot* ist, wie kann er dann auf den göttlichen Ruf antworten? Dieses geistliche Dilemma wird von Octavius Winslow packend beschrieben. Er schreibt über das schreckliche Bild vom nichterneuerten Zustand des Menschen, der in der Bibel als Tod dargestellt wird. Dieses geistliche Dilemma entspricht der völligen Vergeblichkeit eines vom Arzt unternommenen Versuchs, den Körper eines seiner Patienten wieder zum Leben zu erwecken. Wir mögen mit großer Beredtsamkeit die Schrecken der Hölle oder die Segnungen des Himmels predigen, aber ein geistlich toter Mensch kann darauf nicht antworten.

Die glaubensvolle Antwort, die der Evangeliumsruf fordert, ist eine sittliche und geistliche Unmöglichkeit. »Die aber vom eigenen Willen bestimmt sind, können Gott nicht gefallen« (Röm. 8, 8). Christus selbst hat ausdrücklich gesagt: »Niemand kann zu mir kommen, wenn es ihm nicht vom Vater gegeben ist« (Joh. 6, 65; vgl. V. 44). Wie kann denn, so fragen wir, diese Unfähigkeit zu antworten überwunden werden? Nur eine Antwort ist darauf möglich. Es ist die Herrlichkeit des Evangeliums von Gottes freier Gnade, daß sie dieses Dilemma überwindet. Gottes effektiver

Ruf ist von der notwendigen Gnade begleitet, durch die ein berufener Mensch dem Heiland gläubig antworten kann. Diese Gnade ist die Wiedergeburtsgnade.

## Bedeutung der Wiedergeburt

Das Wort »Wiedergeburt« kommt in der Heiligen Schrift nur zweimal vor. In Matthäus 19, 28 wird es eschatologisch verwendet, um die Erneuerung der Welt vor dem Kommen des Reiches zu bezeichnen; und in Titus 3, 5 wird es soteriologisch verwendet, vielleicht, um die Taufe als Zeichen und Siegel der Wiedergeburt zu bezeichnen.

Auf die Realität der Wiedergeburt wird häufig mit verschiedenen Worten und Bildern Bezug genommen. Sie wird mit dem Ausdruck »von neuem geboren« ausgedrückt. Jesus sagte zu Nikodemus: »Wahrlich, wahrlich, ich sage dir: Wenn jemand nicht von neuem geboren wird, kann er das Reich Gottes nicht sehen« (Joh. 3, 3; vgl. V. 7; 1. Petr. 1, 3. 23). Diese Ausdrucksweise setzt eine erste Geburt voraus, zu der die Wiedergeburt die zweite ist. Beachten wir den folgenden Gegensatz zwischen beiden:

| *Die erste Geburt* | *Die zweite Geburt* |
|---|---|
| a) Von sündigen Eltern | a) Von Gott |
| b) Von vergänglichem Samen | b) Von unvergänglichem Samen |
| c) Vom Fleisch – fleischlich | c) Vom Geist – geistlich |
| d) Satans Sklave | d) Freier Mensch Christi |
| e) Gegenstand göttlichen Zorns | e) Gegenstand göttlicher Liebe |

In Johannes 3 lesen wir von der Begegnung zwischen Jesus und Nikodemus. Nikodemus war ein Führer der orthodoxen religiösen Partei seiner Zeit, aber er war nicht von neuem geboren. Bei dieser Gelegenheit wollte er gerne Jesus sehen, um das Geheimnis des Eintritts in das Reich Gottes zu entdecken. Aber ehe er überhaupt Gelegenheit hatte, auszudrücken, was ihn beschäftigte, gab Jesus ihm die Antwort auf seine Frage: Ein Mensch kann nicht einmal das Reich Gottes sehen, es sei denn, er ist wiedergeboren. Es ist eine göttliche Notwendigkeit, daß er, aufgrund der freien Gnade, durch den Heiligen Geist von neuem geboren wird.

In Vers 5 finden wir das Problem des Wassers. Jesus sagte: »Wahrlich, wahrlich, ich sage dir: Wenn jemand nicht durch Wasser und Geist geboren wird, kann er nicht in das Reich Gottes kommen.« Vier Ansichten sollen kurz erwähnt sein. 1. Es handelt sich beim Wasser um die Johannes-Taufe und ist ein Symbol der Buße. Vom geschichtlichen Kontext her scheint diese Ansicht etwas für sich zu haben. 2. Das Wasser spiegelt eine jüdische Gepflogenheit wider, die es als ein Bild des männlichen Samens sieht. Stimmt man dem zu, so haben wir zwei sich gegenseitig ausschließende Interpretationsmöglichkeiten dieser Stelle. Der Ausdruck »durch Wasser geboren« kann dann entweder als durch eine natürliche Geburt geboren verstanden werden oder als durch einen geistlichen Samen geboren. 3. Das Wasser bezieht sich auf die christliche Taufe. Der Sinn wäre dann der, daß ein Mensch getauft und auch vom Geist geboren sein muß, wenn er in das Reich Gottes kommen soll. Zu dieser Auffassung sagt der katholische Gelehrte Raymond E. Brown richtig: »Wenn der Ausdruck ›durch Wasser‹ Teil der ursprünglichen Form der Unterredung war, dann wurde er von Nikodemus vor dem Hintergrund des Alten Testamentes und nicht im Sinne der christlichen Taufe verstanden.«[4] 4. Das Wasser ist ein Symbol des Wortes Gottes. J. C. Macaulay schreibt: »Die befriedigendste Erklärung ist meines Erachtens die, welche – Bibelwort mit Bibelwort verbindend – das Wasser als ein Bild des Wortes sieht.«[5] Der schwache Punkt bei dieser Auffassung ist: Sie bedeutet eine Einschiebung des paulinischen Gebrauchs dieses Bildes in das Gespräch Christi mit jemand, der durch das Alte Testament, und nicht paulinisch, indoktriniert ist. Darum scheinen die beiden ersten Ansichten dem Textzusammenhang am meisten zu entsprechen. Im Zusammenhang mit diesem Problem sollte man auch Hesekiel 36, 25f. prüfen. Der Prophet sagt:

> *Ich will reines Wasser über euch sprengen; von all eurer Unreinheit und von all euren Götzen will ich euch reinigen. Und ich will euch ein neues Herz und einen neuen Geist in euch geben und will das steinerne aus eurem Fleisch wegnehmen und euch ein fleischernes Herz geben.*

Diese Stelle läßt darauf schließen, daß *Wasser* reinigend und *Geist* erneuernd ist.

Wiedergeburt kann man als »von oben geboren« bezeichnen, wie ja auch die Worte Jesu zu Nikodemus mit »von oben geboren« übersetzt werden können (Joh. 3, 3. 7; vgl. Jak. 1, 17f.). Der Urheber dieser Geburt ist von oben; solche, die wiedergeboren sind, sind von ihrem Vater geboren, der im Himmel ist.

Wiedergeburt wird als »Erneuerung des Heiligen Geistes« bezeichnet (Tit. 3, 5); sie resultiert in einer »neuen Kreatur« (2. Kor. 5, 17), im »neuen Menschen« (Eph. 4, 24). Die Menschen, die wiedergeboren sind, werden »neugeborene Kinder« genannt (1. Petr. 2, 2).

Auch mit dem Ausdruck »lebendig gemacht« ist die Wiedergeburt gemeint. »Gott . . . hat auch uns, die wir in Sünden tot waren, mit Christus lebendig gemacht« (Eph. 2, 5; vgl. auch Joh. 6, 63; Röm. 8, 1–10). Im schriftgemäßesten Sinn bezeichnet »Wiedergeburt« die Tat Gottes, durch die geistlich tote Menschen durch den Geist lebendig gemacht werden.

Durch diesen Akt pflanzt Gott das Prinzip eines neuen geistlichen Lebens in die Seele ein; es kommt bei einem Menschen zur Wiedergeburt. Wiedergeburt in diesem beschränkten Sinn ist das alleinige Werk Gottes. Darum weisen die Worte Christi zu Nikodemus: »Du mußt von neuem geboren werden« (Joh. 3, 7) nicht auf eine sittliche Verpflichtung, sondern auf eine göttliche Notwendigkeit hin.

## Merkmale der Wiedergeburt

Wiedergeburt ist ein passives Werk – der Mensch kann ebensowenig zu seiner geistlichen Geburt beitragen wie ein Säugling zu seiner natürlichen Geburt. John Owen sagt richtig: »Die natürlichen und fleischlichen Mittel von Blut, Fleisch und Wille des Menschen haben in dieser Sache absolut keinen Platz, und die ganze Wirksamkeit der neuen Geburt wird Gott allein zugeschrieben.«[6] Wiedergeburt wird immer dem Heiligen Geist als der wirkenden Ursache zugeschrieben (Joh. 3, 3–6).

Es ist ein unwiderstehliches Werk. Man kann ihm ebensowenig widerstehen wie seiner eigenen Auferstehung oder wie ein Säugling seiner eigenen Geburt. Das Werk des Geistes ist wie der Wind, der weht, wo er will, und niemand kann ihm wehren (Joh. 3, 8). Ein widerstrebendes Volk wird willig gemacht am Tage seiner Kraft.

Wiedergeburt ist ein augenblickliches Werk und anders als fortschreitende Heiligung, die sich allmählich vollzieht. Wie ein Kind sofort das Licht der Welt erblickt und nicht stufenweise, so verhält es sich auch mit der geistlichen Geburt. Man kann nicht sagen, einer sei mehr wiedergeboren als ein anderer, obwohl er geheiligter sein kann.

Es ist ein geheimnisvolles Werk. Kein Mensch vermag dieses wundersame Werk göttlicher Gnade wirklich zu verstehen. Das Werk des Geistes ist wie der Wind: »Du weißt nicht, woher er kommt und wohin er geht« (Joh. 3, 8).

## Eine weitere Bemerkung

Der Ausdruck »Wiedergeburt« wird häufig im erweiterten Sinne verwendet, um die *vollständige* Veränderung zu bezeichnen, die durch die Gnade in unserer Person gewirkt wird und ihren Abschluß findet im Absterben der Sünde gegenüber im Tod und in unserem Geborenwerden für den Himmel.«[7]

Calvin setzte Buße mit Wiedergeburt gleich und faßte so die Wiedergeburt als eine *bewußte Antwort* auf Gottes Gnade auf, durch die im Menschen die Gottesbildlichkeit wiederhergestellt wird. Er schrieb: »Mit einem Wort: Ich interpretiere Buße als Wiedergeburt, deren einziges Ziel es ist, das Bild Gottes in uns wiederherzustellen, das durch Adams Übertretung entstellt gewesen ist.«[8] Er zitiert Stellen wie 2. Korinther 3, 18; Epheser 4, 23 und Kolosser 3, 10 und fährt fort: »Durch diese Wiedergeburt sind wir folglich durch die Wohltat Christi wieder in die Gerechtigkeit Gottes eingesetzt worden, die wir durch Adam verloren hatten. Auf diese Weise gefällt es dem Herrn, einen solchen, den er in das Erbe des Lebens aufnimmt, völlig wiederherzustellen.«[9]

Vielleicht wäre es am besten, den Ausdruck »lebendig machen« für das zu gebrauchen, was man allgemein unter Wiedergeburt in einem *begrenzten* Sinn verstanden hat, und dadurch den Ausdruck »Wiedergeburt« für das zu reservieren, was Kuyper, Calvin und die meisten heutigen Evangelikalen darunter verstehen.

### *Bekehrung*

Die hebräischen und griechischen Ausdrücke für Bekehrung bedeuten hauptsächlich »umkehren« und bezeichnen in der Welt christlichen Denkens eine Änderung von Ansichten und eine neue Richtung im Leben und Handeln.

Bekehrung beinhaltet sowohl eine Hinwendung zu als auch eine Abwendung von etwas oder jemand.

#### Bedeutung von Bekehrung

*Positiv* gesehen ist das Sichhinwenden zu etwas oder jemand das, was man Glaube nennen kann. In der soteriologischen Dimension ist es eine Hinwendung *zu* Gott. Paulus »verkündigte zuerst den Bewohnern von Damaskus und Jerusalem und im ganzen jüdischen Land und dann auch den Heiden, sie sollten umkehren, sich zu Gott wenden« (Apg. 26, 20; vgl. 9, 35; 11, 21; 15, 19; 1. Petr. 2, 25).

Diese Hinwendung – oder dieser Glaubensakt – kann definiert werden als ein Verstehen von und eine verstandesmäßige Zustimmung zu bestimmten grundlegenden Tatsachen betreffs Person und Werk Christi, wobei beides seinen Höhepunkt findet in der Übereignung des ganzen Seins an die Person, von der jene Tatsachen Zeugnis geben. Drei wichtige Elemente sollten bei dieser Definition beachtet werden.

1. *Wissen.* Wir müssen wissen, wer Christus ist, was er getan hat, und was er zu tun vermag (1. Kor. 15, 3f.). Ohne solches Wissen wäre Glaube im besten Fall ein blindes Vermuten und im schlimmsten Fall eine törichte Farce. Es wird von uns nicht verlangt, an jemand zu glauben, über den wir nichts wissen. Rettender Glaube ist nicht ein Sprung ins Dunkel.

2. *Zustimmung.* Wir müssen nicht nur die Wahrheit in bezug auf Christus kennen; wir müssen auch glauben, daß sie zuverlässig ist. Es ist natür-

lich möglich, die Bedeutung bestimmter Wahrheitsäußerungen zu verstehen und sie dennoch nicht zu glauben. Beim rettenden Glauben werden erkannte Wahrheiten auch als zuverlässig akzeptiert.

3. *Vertrauen.* Die Evangeliumswahrheit zu kennen und ihr Zustimmung zu geben ist nicht rettender Glaube. Dieser muß mit Vertrauen in die Person Jesus Christus einhergehen. Christlicher Glaube ist nicht bloß eine verstandesmäßige Zustimmung zu den göttlich geoffenbarten Bibelwahrheiten, er muß auch die Hingabe an Christus einschließen. Genau genommen ist es auch nicht der Glaube an Christus, der rettet, sondern Christus, der durch den Glauben rettet. Echter Glaube muß besondere Offenbarung in ihrem doppelten Aspekt erfassen: 1. das geschriebene Wort und 2. das persönliche Wort. Das erste hat mit dem Wissensinhalt des Glaubens zu tun, das zweite mit dem Gemeinschaftsinhalt; das erste mit Lehre, das zweite mit Erfahrung. Das erste ist objektiv, das zweite subjektiv. Das erste ohne das zweite führt zu einem kalten, leeren Intellektualismus; das zweite ohne das erste führt zu einem wirren und sinnlosen Mystizismus. Beide zusammen führen zu einer normalen Glaubenserfahrung.

Wir können die dynamischen Glaubenselemente wie folgt darstellen:

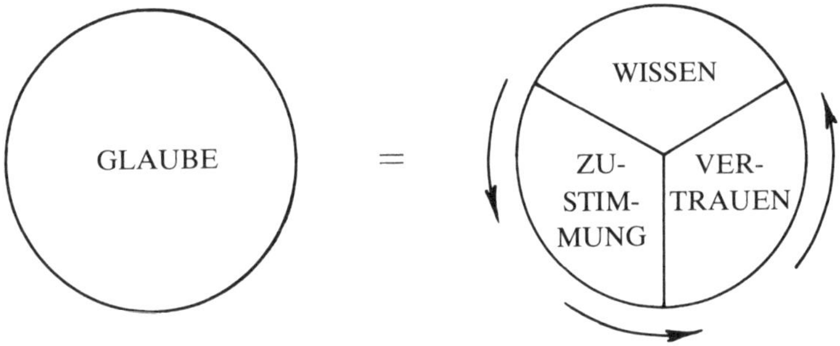


*Negativ* gesehen ist das Sichabwenden von etwas oder jemand das, was man »Buße« nennen kann. Die biblischen Ausdrücke dafür bezeichnen eine Änderung von Sinn, Urteil, Absicht und Haltung. Buße meint eine Veränderung zum Besseren, eine Sinnesänderung, die dauerhaft ist und zu einer guten Haltung und Lebensführung führt.

Buße ist Gabe Gottes, durch Christus erworben, und das Werk des Heiligen Geistes. »So hat Gott . . . die Umkehr geschenkt, die zum Leben führt« (Apg. 11, 18). Sie wird durch den Geist bei der Wiedergeburt – oder beim Lebendigmachen – eingepflanzt.

Sie ist auch ein bleibendes Prinzip. »Der Mensch, der nicht sein Bedürfnis erkennt, täglich Buße zu tun, mag wohl eine Nachahmung, aber keine echte Buße haben.«[10] Die Bibel lehrt nicht nur die Notwendigkeit einer anfänglichen Bekehrung des Sünders, sondern auch der nachfolgenden Bekehrung fehlbarer Heiliger.

Buße schließt eine göttliche Traurigkeit über die Sünde ein. Die Reue des aufrichtig Buße Tuenden ist mit einer tiefen Zerknirschung des Herzens verbunden, nicht so sehr wegen der Bestrafung, der er ausgesetzt ist, sondern wegen der Bestrafung, der er ausgesetzt ist, sondern wegen der Kränkung, die er einem heiligen und gnädigen Gott zugefügt hat. Paulus nennt dies »die Traurigkeit nach Gottes Willen«, im Gegensatz zur weltlichen Traurigkeit (2. Kor. 7, 10; siehe auch Ps. 51, 4).

Buße ist Abwendung von Götzen (1. Thess. 1, 9). Geschichtlich gesehen, meinte Paulus buchstäblich Götzenbilder. Auf uns bezogen heißt das, daß ein Götze all das ist, was sich zwischen den Menschen und seinen Schöpfer schiebt, sei es eine Person, ein Ort, eine Sache oder eine Idee. Buße ist auch Abwendung von eitlen Dingen (Apg. 14, 15), von der Finsternis (26, 28 a) und von der Macht Satans (26, 18 b).

Eine der hilfreichsten Stellen über Bekehrung ist Psalm 119, 59 f.: »Ich bedenke meine Wege und lenke meine Füße zu deinen Mahnungen. Ich eile und säume nicht, zu halten deine Gebote« (vgl. Luk. 15, 17. 20; 1. Thess. 1, 9). Von dieser Stelle lernen wir ein paar wichtige Dinge.

Erstens: *Als Vorbereitung für die Bekehrung bedarf es einer selbstprüfenden Betrachtung der eigenen oder der göttlichen Wege.* Der Psalmist schrieb: »Ich bedenke meine Wege« oder »deine Wege«, wie es auch übersetzt wird. Manchmal wirkt Gott in schicksalhafter, drastischer Weise, um den Menschen zu einer ernsthaften Überprüfung seiner Lebensrichtung zu veranlassen. Erinnern wir uns an den verlorenen Sohn (Luk. 15, 17). Erst als er sich in einem Schweinestall wiederfand, begann er über sein Verhalten nachzudenken. In Anwendung dieser Stelle schreibt John Colquhoun:

> *Prüfe sorgfältig deine Neigungen und Gedanken, deine Worte und Handlungen, sogar von deiner frühsten Kindheit. Stelle dir ernstlich Fragen wie die folgenden: Was habe ich gesucht und gewollt in all diesen Tagen? Was ist der Maßstab für mein Verhalten gewesen? Menschliche Grundsätze oder das Wort Gottes? Die Sitten der Welt oder das Vorbild Jesu? Was hat mein Herz am meisten geliebt? Galten meine stärksten Wünsche und meine wärmste Zuneigung Christus oder der Welt? War es mein ständiges Verlangen, Gott zu gefallen oder mir selbst? War es seine Herrlichkeit, die ich stets gesucht habe, oder meine eigene Befriedigung, Reichtum und Ehre?*[11]

Wenn Menschen sich bekehren sollen, so müssen sie dazu gebracht werden, sorgfältig über ihre Wege und über Gottes Wege mit ihnen nachzudenken.

Zweitens: *Der Bekehrungsakt muß eine entschlossene Hinwendung zu dem sein, von dem das Wort Zeugnis gibt.* Wiederum schrieb der Psalmist:

»Ich lenke meine Füße zu deinen Mahnungen.« Der auf der biblischen Bekehrungslehre liegende Nachdruck findet sich auf der positiven Antwort des Glaubens – einer Hinwendung *zu* Gott in Christus.

> *Wenn auch die Tugenden des Glaubens und der Buße, zeitlich gesehen, zusammen eingepflanzt werden, so kommt doch, von der Rangordnung des Wesens her gesehen, das Handeln des Glaubens vor echter Buße. Der Sünder muß also von Herzen glauben oder Christus in bezug auf die Vergebung vertrauen, um in evangelischer Weise seine Sünde zu beklagen und sich von ihr zu Gott hinzuwenden. Echte Buße ist Gott wohlgefällig, »aber ohne Glauben ist's unmöglich, Gott zu gefallen« (Hebr. 11, 6).*[12]

Auch hier ist der verlorene Sohn eine Illustration und zeigt uns die Bedeutung einer echten Bekehrung. Er überdachte nicht nur seine Wege, sondern machte sich auf und kehrte in das Haus seines Vaters zurück (Luk. 15, 20).

Drittens: Als *Beweis der Bekehrung* bedarf es des Gehorsams. Schließlich schrieb der Psalmist: »Ich eile . . . deine Gebote zu halten.« Wahre Bekehrung bedeutet ein verwandeltes Leben. »Wenn wir seine Gebote halten, dann merken wir daran, daß wir ihn kennen« (1. Joh. 2, 3). Der Preis der Jüngerschaft ist der Gehorsam gegen unseren Meister. »Wer wirklich Buße tut, der unterstellt sich . . . dienstbereit Gott, seinem Herrn und Meister. Als Saulus von Tarsus Buße tat, sagte er: ›Herr, was willst du, daß ich tue?‹ Alle, die zu Gott zurückkommen, kehren heim als Diener, die für ihn arbeiten. Alle, die seine Freunde werden, tun, was immer er ihnen gebietet (Joh. 15, 14). Sie freuen sich dem inwendigen Menschen nach am Gesetz Gottes und beachten alle seine Gebote.«[13]

Dietrich Bonhoeffer schrieb mit Nachdruck von der Notwendigkeit des Gehorsams als einem Beweis echter Bekehrung. Er stellte fest:

> *Billige Gnade ist ein tödlicher Feind unserer Kirche. Heute ringen wir um teure Gnade . . . Billige Gnade ist die Predigt von Vergebung ohne Aufforderung zu Buße, Taufe ohne Gemeindezucht, Abendmahl ohne Bekenntnis, Absolution ohne persönliches Schuldbekenntnis. Billige Gnade ist Gnade ohne Nachfolge, Gnade ohne das Kreuz, Gnade ohne den lebendigen und innewohnenden Jesus Christus.*
>
> *Teure Gnade ist das Evangelium, das immer und immer wieder* gesucht *werden muß, die Gabe, die* erbeten *werden muß, die Tür, an welcher der Mensch* anklopfen *muß.*
>
> *Solche Gnade ist* teuer, *weil sie uns zum Nachfolgen ruft, und sie ist* Gnade, *weil sie uns zur Nachfolge* Jesu Christi *ruft.*[14]

Die Bekehrungslehre zusammenfassend, wollen wir den Kommentar von G. I. Williamson beachten:

*Buße und Glaube sind zwei Aspekte dieser vollumfänglichen Verwandlung des Herzens. Buße bezeichnet jenen Aspekt der Verwandlung, durch den sich das Herz von der Sünde abwendet und einen echten Abscheu davor erlebt. Glaube bezeichnet jenen Aspekt der Verwandlung, durch den sich das Herz zu Christus wendet und eine tiefe Zuneigung zu ihm erlebt. Beide Phasen dieser vollständigen Kehrtwendung erfassen die totale Persönlichkeit – Verstand, Gefühle und Willen. Das läßt sich wie folgt darstellen:*

BEKEHRUNG

1. Der Mensch muß seinen verlorenen Zustand kennen (Röm. 3, 20; Ps. 51, 3f.; Hes. 36, 31).

2. Der Mensch muß ein zerbrochenes und zerschlagenes Herz haben (Jer. 31, 19; Ps. 51, 17; 2. Kor. 7, 10f.).

3. Der Mensch muß den Weg der Sünde verlassen (Apg. 26, 18; Hes. 14, 6; 2. Kor. 7,11).

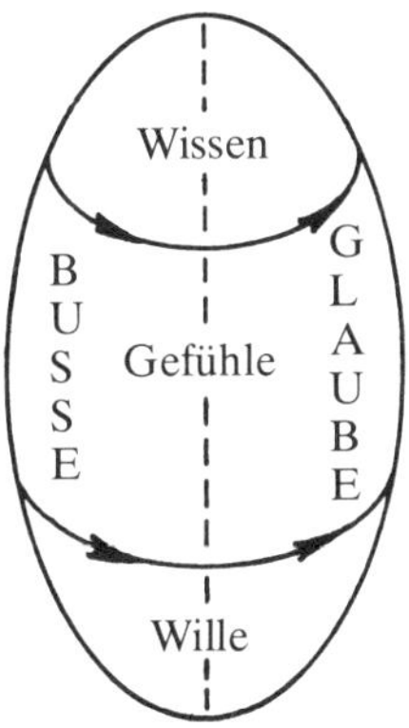


1. Der Mensch muß das göttliche Heilmittel für die Sünde kennen (Röm. 10, 13–17; Ps. 9, 10; Phil. 3, 8).

2. Der Mensch muß sich mit dem Ja seines Herzens zu Christus gezogen fühlen (Joh. 4, 43; 1. Thess. 2, 13).

3. Der Mensch muß sich zu Christus wenden, um ihm allein für das Heil zu vertrauen (Apg. 16, 31; 15, 11; Phil. 3, 9).

(Die gestrichelte Linie weist darauf hin, daß zwischen Buße und Glaube keine scharfe und plötzliche Trennung besteht.)[15]

Mittel zur Bekehrung

Die Mittel zur Bekehrung sind wirkender, treibender und direkt mittelbarer Natur. Die *wirkende* Ursache ist *Gott,* nicht der Mensch. Die durch die Bekehrung bewirkte drastische Veränderung wird nicht durch menschliches Vermögen zustande gebracht – ein Mohr könnte ebensogut versuchen, seine Haut zu wandeln, oder ein Panther seine Flecken. Solche Dinge sind unmöglich (Jer. 13, 23; siehe auch Röm. 9, 16; Joh. 1, 13). John Gill sagt richtig:

> *Bekehrung ist die Hinbewegung des Herzens zu Gott. Aber diese ist bei einem toten Menschen nicht möglich, es sei denn, er wird lebendig gemacht, und dieses wiederum ist auch nicht möglich, es sei denn, daß die wirksame Gnade ihn zieht. Darum zieht Gott in der Bekehrung die Menschen mit göttlicher Barmherzigkeit zu sich selbst und mit Seilen der Liebe zu seinem Sohn; denn es kann – so sagt Christus*

*– niemand zu mir kommen, wenn ihn nicht der Vater, der mich gesandt hat, zu mir zieht (Joh. 6, 44).*[16]

Die *treibende* Ursache ist der gute Wille Gottes. Es ist hier dasselbe wie bei der treibenden Ursache der Wiedergeburt und der effektiven Berufung: Es gibt kein menschliches Verdienst – offensichtlich haben wir keins (1. Kor. 6, 9–11; Eph. 2, 3–4).

Die *mittelbare* Ursache ist der Dienst des Wortes. Obwohl im Falle höchst ungewöhnlicher Umstände die Bekehrung nicht durch das Wort, sondern durch irgendeine bemerkenswerte Fügung geschieht, so kommt sie gewöhnlich doch durch das Predigen und Lehren des Wortes zustande. »So kommt der Glaube aus der Predigt, das Predigen aber durch das Wort Christi« (Röm. 10, 17; vgl. Gal. 3, 2 und 1. Kor. 3, 5).

Es sollte sorgfältig beachtet werden, daß die Predigt des Wortes an sich nicht ausreicht, um das Bekehrungswerk im Herzen zu vollbringen. Die Menschen können sie hören und bekehren sich trotzdem nicht. Die Verkündigung des Wortes muß von der Kraft und Beweisung des Geistes begleitet sein.

Das wird deutlich gemacht durch das, was Paulus in 1. Korinther 2, 1–5 feststellt:

> *Auch ich, liebe Brüder, als ich zu euch kam, kam nicht mit hohen Worten und hoher Weisheit, um euch das Geheimnis Gottes zu verkündigen. Denn ich hatte beschlossen, unter euch nichts zu wissen als allein Jesus Christus, den Gekreuzigten. So kam ich zu euch in Schwachheit und in Furcht und mit großem Zittern; und mein Wort und meine Predigt geschah nicht mit überredenden Worten menschlicher Weisheit, sondern wirkte durch den Erweis des Geistes und der Kraft, damit euer Glaube nicht auf Menschenweisheit beruhen sollte, sondern auf Gottes Kraft.*

Eine aufmerksame Betrachtung sowohl seiner *Botschaft* wie auch seiner *Methode* läß die Kraft der Predigt von Paulus sichtbar werden. Der Genitiv »Gottes« beim Ausdruck »Geheimnis Gottes« kann als *Genitivus subjectivus* oder als *Genitivus objectivus* verstanden werden. Im ersteren Fall hätte Paulus einfach das Geheimnis (andere Übersetzung: Zeugnis) gemeint, das von Gott herkommt, im letzteren Fall das Geheimnis (oder Zeugnis), das Gott zum Gegenstand hat. Obwohl wir nicht mit Sicherheit sagen können, welche Nuance bei diesem Ausdruck beabsichtigt war, können wir jedoch behaupten, daß beide Gedanken biblisch korrekt sind. Der Apostel hatte einen Auftrag von Gott, und er redete von niemand anders als von Gott.

»Jesus Christus, den Gekreuzigten« (V. 2). Paulus beschloß überlegt, daß er unter den Korinthern nur die eine, große Zentralwahrheit von der Person und vom Werk Jesu Christi kennen wollte, mit dem speziellen

Augenmerk auf das Kreuzigungsereignis. Die Kreuzigung ist das Herz des Evangeliums; es ist durch seinen Tod am Kreuz, daß Sünder erlöst werden.

So war die Botschaft von Paulus das Zeugnis Gottes über die Person und das Werk seines Sohnes Jesus Christus.

»Ich kam nicht mit hohen Worten und hoher Weisheit« (V. 1). Paulus kam nicht zu den Korinthern mit einem oratorischen Erguß oder mit philosophischer Scharfsinnigkeit, obwohl er zu beidem durchaus fähig gewesen wäre.

»Mein Wort und meine Predigt geschah nicht mit überredenden Worten menschlicher Weisheit« (V. 4). Paulus beabsichtigte wahrscheinlich nicht, zwischen »Wort« und »Predigt« speziell zu unterscheiden. Viel eher gebrauchte er beide Ausdrücke wohl, um auf beides hinzuweisen: auf die Botschaft, die er predigte, und auf die Weise, wie er sie predigte. Ungeachtet dessen, wie wir die Bedeutung dieser beiden Ausdrücke interpretieren, scheint eines klar: Die Hauptabsicht seiner Feststellung war, auf alles Vertrauen in rhetorische Phrasen und intellektuelle Demonstrationen zu verzichten. Das hatte er auch schon früher in 1, 17 getan: »Denn Christus hat mich . . . gesandt, das Evangelium zu predigen; aber nicht mit klugen Worten, damit nicht das Kreuz zunichte gemacht wird.«

An dieser Stelle muß zur Vorsicht gemahnt werden, damit Paulus nicht mißverstanden wird. Der Apostel hatte sicher nichts gegen überredende Worte oder logische Gedanken an sich einzuwenden; er war Meister in beidem – für das eine vergleiche man 1. Korinther 13 und für das andere den Römerbrief. Worum es jedoch geht, ist, daß er weder das eine noch das andere Endzweck sein lassen wollte, sondern lediglich ein Instrument, das unter der Leitung des Geistes zur Interpretation und Kommunikation der göttlichen Offenbarung diente.

»So kam ich zu euch in Schwachheit und in Furcht und mit großem Zittern« (V. 3). Der Ausdruck »in Schwachheit« muß wohl am besten so verstanden werden, daß er sich auf den physischen Zustand von Paulus bezieht. »Wahrscheinlich machte ihm wieder die Krankheit zu schaffen, die in Galatien aufgetreten war, als er dort zum erstenmal predigte (Gal. 4, 13). Wenn das Epilepsie oder Malariafieber (Ramsey) gewesen sein sollte, so konnten es ebensogut auch die wiederkehrenden Widerwärtigkeiten gewesen sein, die er einen ›Pfahl im Fleisch‹ nannte« (2. Kor. 12, 7).[17]

Die Worte »in Furcht und mit großem Zittern« sprechen wahrscheinlich von seiner psychologischen Gemütsverfassung. Er war richtiggehend besorgt um den Erfolg des Wortdienstes unter den Korinthern. In seinem Inneren fühlte der Apostel nicht fleischliche Zuversicht, sondern geistliche Abhängigkeit.

»Verkündigen« (V. 1). Der Nachdruck des mit »verkündigen« übersetzten griechischen Wortes *kataggellein* liegt auf der *autoritativen,* das heißt, vollmächtigen Natur der Verkündigung. Dies ist eines der großen neutestamentlichen Worte für Predigt. Von seinem Gebrauch lernen wir, daß Predigen nicht die Verkündigung von Privatmeinungen des Predigers ist, auch nicht ein öffentliches Erörtern seiner Zweifel, sondern vielmehr die ganze vollmächtige Verkündigung des Wortes Gottes.

»Sondern wirkte durch den Erweis des Geistes und der Kraft« (V. 4). Vers 4 enthält einen scharfen Kontrast. Der Apostel schien sagen zu wollen: »Ich machte es mir nicht zur Aufgabe, euch Evangeliumswahrheiten zu demonstrieren durch schöne Worte und Phrasen oder durch Ableitung von Verstandesgründen, *sondern* durch den Erweis des Geistes und der Kraft.« Die Worte »in Erweisung des Geistes und der Kraft« könnten entweder ein *Genitivus objectivus* oder ein *Genitivus subjectivus* sein. Im ersteren Fall würde Paulus einen Erweis meinen, der die Gegenwart oder das Wirken des Geistes und der Kraft zum Objekt hat. Im zweiten Fall würde er einen vom Geist und von der Kraft Gottes stammenden Erweis (der Wahrheit) meinen.

Der Ausdruck »Erweis« (oder Demonstration) spricht von der exaktesten Beweisform.

> *Bei einem Erweis handelt es sich um etwas, das als wahr bekannt ist, und darum ist die Schlußfolgerung daraus nicht nur logisch, sondern gewiß auch wahr . . . Paulus geht es nicht um wissenschaftliche Sicherheit; aber er macht geltend, daß die Gewißheit religiöser Wahrheit für den, der an das Evangelium glaubt, ebenso vollständig und »objektiv« ist – in gleichem Maße, obwohl von anderer Art – wie die Gewißheiten wissenschaftlicher Wahrheit für den wissenschaftlichen Verstand. Rein menschliche Weisheit mag verblüffen und überwältigen und unwiderlegbar erscheinen . . .; sie dringt nicht bis in diese Tiefen der Seele, wo die Entscheidungen getroffen werden, die ein Leben lang gelten.*[19]

Godet schreibt:

> *Das Wort (Erweis) weist auf eine Klarheit hin, die beim Hörer wie durch das plötzliche Lüften eines Schleiers entsteht, auf eine Überzeugung, die ihn mit der souveränen Kraft eines sittlichen Beweises beherrscht. »Des Geistes« ist ein Komplement der Ursache; es ist der göttliche Geist allein, der auf diese Weise die Heilswahrheit offenbart (vgl. Eph. 1, 17f.) . . .*
>
> *Es war Paulus nicht unbekannt, daß ein Glaube, gestützt auf logische Argumente, durch andere Argumente der gleichen Art erschüttert werden konnte. Um ein fester Glaube zu sein, muß er das Werk der göttlichen Kraft sein; und damit er das sein kann, muß er einem Sündenbewußtsein und einer persönlichen Heilsaneignung entspringen, die der Geist Gottes allein im menschlichen Herzen bewirken kann. Die Aufgabe, die der Prediger bei diesem Werk hat, liegt nicht darin, daß er mit den Möglichkeiten seiner eigenen Beredtsamkeit und seine Genius die Stelle des Geistes einnehmen soll, sondern*

*daß er durch ein schlichtes Zeugnis von Christus den Weg für ihn öffnet.*[20]

Die Predigt von Paulus war eine klare, vollmächtige Verkündigung des einfachen Evangeliums. Doch gerade weil sie so einfach und echt war, demonstrierten ihre Resultate die Kraft Gottes. Sünder bekehrten sich zu Christus. Unser Predigen, Lehren und Zeugen werden also in dem Maße Wirkung haben, wie sie im Evangelium von Jesus Christus verankert und von der machtvollen Demonstration des Geistes Gottes abhängig sind (siehe 1. Thess. 1, 5; 2, 13).

Diese Kommunikation der Botschaft kann durch einen Monolog (Apg. 15, 7) oder einen Dialog geschehen (6, 9–14; 9, 22. 29; 17, 2f.; 18, 4; 19, 8f.; 24, 25; 28, 23; besonders zu beachten 18, 27f.). Ein beträchtlicher Teil des Dienstes damaliger Prediger vollzog sich in der Diskussion und im Gespräch.

## Drei biblische Bekehrungsfälle

### LYDIA (Apg. 16, 13–15)

*Am Sabbat gingen wir (Paulus und Barnabas) vor die Stadt hinaus an den Fluß, wo wir eine Gebetsstätte vermuteten, und wir setzten uns und sprachen mit den Frauen, die dort zusammengekommen waren. Und eine gottesfürchtige Frau mit Namen Lydia, eine Purpurhändlerin aus der Stadt Thyatira, hörte zu; dieser öffnete der Herr das Herz, so daß sie darauf achtgab, was Paulus redete.*

Es trifft zu, daß Lydia eine Proselytin war, eine Heidin, die jedoch an den einen, wahren Gott der Juden glaubte. Doch trotz ihrer echten Frömmigkeit mußte sie sich bekehren, und das ist eine Tatsache, die man sich wohl merken sollte.

Die Erzählung impliziert, daß, obwohl sie eine hingegebene Anhängerin des jüdischen Glaubens war, ihr Herz noch für die Aufnahme der Wahrheit in bezug auf Jesus verschlossen war. Wenn der Text feststellt, daß der Herr ihr das Herz öffnete, so will er damit zeigen, daß ihr Herz sich in einem solchen Stand befand, daß es ohne das gnädige Wirken des Heiligen Geistes der Evangeliumsbotschaft gegenüber verschlossen geblieben wäre.

Mit dem Begriff »Herz« ist die ganze sittliche Natur des Menschen, einschließlich Verstand, Gewissen, Wille und Gefühle, gemeint. In diesem umfassenden Sinn war ihr Herz verschlossen für die Aufnahme der Wahrheit, wie sie in Jesus zu finden ist. Nur Gottes freie Gnade konnte dieses Hindernis beseitigen.

Viele heute gleichen Lydia; sie sind, gemessen an ihrer Erkenntnis, gewissenhaft und hingegeben, aber trotzdem unwissend und ungläubig, was das Evangelium betrifft.

Obwohl es der Text nicht so ausdrücklich sagt, können wir doch von unserem Verständnis des Neuen Testamentes her annehmen, daß ein direkter, persönlicher Eingriff des Heiligen Geistes im Herzen von Lydia stattfand. Er beseitigte jene Hindernisse, die sonst den Zugang der Wahrheit verunmöglicht hätten. Paulus vermochte diese Veränderung in Lydias Herz nicht vorzunehmen. Es geschah während der Predigt des Apostels (das heißt, als der allgemeine Ruf des Evangeliums erging), daß der Geist in entscheidender Weise an Lydias Herz wirkte – »der Herr öffnete ihr das Herz«. Gott allein kann das Herz des Sünders für die Aufnahme Christi als Herr und Heiland öffnen.

Während nur der Herr das Herz öffnen kann – durch den Heiligen Geist –, bedient er sich der durch Worte mitgeteilten Wahrheit als Bekehrungswerkzeug. »Die Wirksamkeit des Geistes macht den Gebrauch des Wortes nicht überflüssig, im Gegenteil: Die gelesene oder gehörte Wahrheit ist immer noch die Weisheit Gottes und die Kraft Gottes zum Heil.«[21] Lukas stellt fest: »Dieser öffnete der Herr das Herz, so daß sie darauf achtgab, was Paulus redete.«

Als der Geist des Herrn mächtig an ihrem Herzen wirkte, drang sie zum Glauben durch, wurde getauft und erwies ihren Missionsfreunden biblische Gastfreundschaft. Lydias Glaube wird sichtbar in ihrer Liebe zu Christus und in der Wohltat an seinen Knechten.

Praktische Lektionen aus diesem Fall:

1. Er zeigt, wie sehr Gott für die rettende Unterweisung der ernsthaften Sucher in der jüdischen Gemeinschaft besorgt war.
2. Er zeigt, wie wichtig das Gebet ist als ein von Gott bestimmtes Instrument für geistlichen Fortschritt.
3. Er zeigt die Notwendigkeit einer entscheidenden geistlichen Veränderung im Leben derer, die wohl religiös, aber nicht bekehrt sind.
4. Er vermittelt einen klaren Hinweis auf die wechselseitigen Funktionen des Wortes und des Geistes beim Bekehrungsgeschehen.
5. Er unterstreicht die Verpflichtung, den Fleiß beim Gebrauch von Mitteln zu verbinden mit der Abhängigkeit vom Geist, um den göttlichen Segen zu erhalten.

## DER GEFÄNGNISAUFSEHER ZU PHILIPPI (Apg. 16, 19–34)

*Liebe Herren, was muß ich tun, damit ich gerettet werde? Sie antworteten: Glaube an den Herrn Jesus, so wirst du und dein Haus gerettet werden! Und sie verkündigten ihm und allen, die in seinem Hause waren, das Wort des Herrn. Und er nahm sie noch in dersel-*

*ben Nachtstunde zu sich und wusch ihnen die Striemen. Dann ließ er sich und alle die Seinen sogleich taufen und führte sie in sein Haus, deckte ihnen den Tisch und freute sich mit seinem ganzen Hause, daß er zum Glauben an Gott gekommen war.*

Der Gefängnisaufseher in Philippi verzweifelte an seinem Leben, als er die Lage erkannte, die durch das Erdbeben entstanden war. »Für einen Mann, der von der Disziplin und vom Pflichtbewußtsein eines römischen Soldaten geprägt war, blieb nur eine Möglichkeit offen – Freitod.«[22]

Er wurde ein bekümmerter Sünder (V. 29). Wir sehen hier eine Veränderung in der Haltung – von anfänglicher totaler Verzweiflung bis zum eifrigen Forschen. Durch Gottes Gnade empfand der Gefängnisaufseher eine tiefe Sorge um sein Seelenheil. Er wurde vom Heiligen Geist überführt von der Gefahr, in der er sich befand, sowie von der Notwendigkeit des Heils. (Es ist zu beachten, daß seine Frage von den Aposteln in bezug auf seinen geistlichen Zustand interpretiert wurde. Vom menschlichen Gesichtspunkt aus läßt sich dieses Bewußtsein von der Heilsnotwendigkeit damit erklären, was er gehört und gesehen hatte, seitdem die Apostel nach Philippi gekommen waren.)

Zu diesem Zeitpunkt jedoch war der Gefängnisaufseher – obwohl nicht mehr verzweifelt, sondern überführt – noch nicht bekehrt. »Er befand sich lediglich im Stadium des Überführtseins, das der Bekehrung vorausgeht; aber diese folgt nicht immer.«[23] Obwohl große Furcht ihn ergriffen hatte, besaß er noch keinen Glauben. »Er hatte seine Gefahr voll erkannt; doch man kann eine Gefahr erkennen, ohne zu wissen, wie man ihr entkommen kann.«[24]

Daß er zu diesem Zeitpunkt noch nicht bekehrt war, geht aus seiner Frage hervor: »Liebe Herren, was muß ich tun, damit ich gerettet werde?« Diese Frage offenbart deutlich, daß er sich jetzt seiner Gefahr voll bewußt war, sich um sein Seelenheil sorgte und beeindruckt war von der Notwendigkeit des Heils. Doch sie offenbart ebenso, daß er im Blick auf die Befreiungsmethode unwissend war. Die Formulierung seiner Frage könnte glauben machen, daß er an eine Gesetzesantwort dachte. Er fragte: Was muß ich *tun?* Wie kann ich es erlangen? »Der erste Impuls eines jeden überführten Sünders, ehe er richtig bekehrt ist, besteht darin, daß er sich fragt, was er selbst zu seiner Befreiung und Errettung tun muß«[25] – Besserung des Lebens, gute Werke oder irgendeine andere äußerliche Verrichtung.

Während die äußeren, mit einer Bekehrung verbundenen Umstände bei jedem einzelnen verschieden sind, ist das *Mittel* dazu immer ein und dasselbe; es ist nichts anderes als die in Jesus liegende Wahrheit, das volle und freie Angebot des Evangeliums. Als dieser Mann zu den Aposteln kam und fragte: »Liebe Herren, was muß ich tun, damit ich gerettet werde?« antworteten sie sogleich: »Glaube an den Herrn Jesus.« Und dieses von der Kraft des Geistes begleitete Wort war das Mittel, durch welches dieser überführte Sünder zu einem bekehrten Mann wurde.

Beachten wir das Wesen der Botschaft. Sie besaß in Christus ihren Mittelpunkt – »Glaube an den Herrn Jesus«. Der Name »Herr« spricht von Christus als dem Erhöhten, als dem Souverän, der Name »Jesus« von Christus als dem Heiland und Retter seines Volkes. Die Botschaft enthielt auch einen Appell an sein ganzes Haus: ». . . und dein Haus.«

Es besteht kein Zweifel, daß die Bekehrung des Gefängnisaufsehers in seiner positiven Reaktion auf die Ermahnung der Apostel lag (V. 32–34). Lukas sagt: »Er . . . freute sich mit seinem ganzen Haus, daß er zum Glauben gekommen war« (V. 34).

Der Gefängnisaufseher bewies diesen Missionaren Gastfreundschaft, indem er ihnen die Striemen wusch und ihnen den Tisch deckte. Seine Werke dienten also als Beweis für seine Bekehrung. Seine Furcht war dahin, und jetzt konnte er sich des Lebens wirklich freuen. Und schließlich legte er mit seiner Taufe ein öffentliches Bekenntnis seines Glaubens an.

Praktische Lektionen aus diesem Fall:

1. Gott kann den Sünder durch eine aufrüttelnde Schicksalsfügung aus seiner geistlichen Apathie aufwecken. Es muß nicht durch ein Erdbeben geschehen, aber vielleicht durch eine Notsituation irgendwelcher Art. »Manch ein gläubiger Christ empfing seine ersten ernsten Eindrücke während einer Zeit persönlicher oder familiärer Schwierigkeiten.«[26]

2. Dieses Erwachen führt zum Erkennen der geistlichen Not und zur Suche nach der Antwort darauf, während der Geist sein Werk am Herzen tut.

3. Das Evangelium, das von Gott als Antwort auf die innere Not, die der Sünder empfindet, bestimmt ist, ist das einzige wirkungsvolle Bekehrungsinstrument.

4. Sündenerkenntnis führt nur zur Bekehrung, wenn sie mit dem Glauben an den Herrn Jesus Christus gepaart ist.

5. Bekehrung durch das Wort vermittels des Geistes führt zu guten Werken.

PAULUS (Apg. 9, 1–28)

> *Als er (Paulus) aber auf dem Wege war und in die Nähe von Damaskus kam, umleuchtete ihn plötzlich ein Licht vom Himmel; und er fiel auf die Erde und hörte eine Stimme, die sagte zu ihm: Saul, Saul, was verfolgst du mich? Er aber fragte: Herr, wer bist du? Der Herr antwortete: Ich bin Jesus, den du verfolgst. Steh auf und geh in die Stadt; da wird man dir sagen, was du tun sollst (vgl. Apg. 22, 1–21; 26, 4–18; auch Gal. 1, 13 und 1. Kor. 15, 9).*

Vor seiner Bekehrung war Paulus ein Mann von großen intellektuellen Fähigkeiten. Er war echter Jude sowohl in seinen religiösen Überzeugungen als auch hinsichtlich seiner sittlichen Gewohnheiten (Apg. 26, 4f.; Gal. 1, 14; Phil. 3, 4–6). Er war ein heftiger, aufrichtiger Verfolger der christlichen Gemeinde. Paulus hatte »einen Eifer für Gott, aber ohne die richtige Erkenntnis« (Röm. 10, 2; vgl. Apg. 26, 9; Phil. 3, 6; 1. Tim. 1, 13).

Es traten mehrere außergewöhnliche Erscheinungen bei der Wiedergeburt von Paulus auf. Diese waren: das Licht vom Himmel, »heller als der Glanz der Sonne« (Apg. 26, 13); die Stimme vom Himmel und die Blindheit von Paulus, die durch ein Wunder geheilt wurde (9, 17f.). Es sollte klar verstanden sein, daß diese auffallenden Umstände dazu dienten, die Aufmerksamkeit von Paulus zu fesseln und ihm seine innere Not deutlich bewußt zu machen, aber es war die Wahrheit, die einfache Wahrheit in Jesus, die die Bekehrung von Paulus bewirkte.

Seine Bekehrung kam zustande durch die Kommunikation der Wahrheit, die durch die *Vision* und *Stimme* des Heilandes sowie den Dienst des Ananias geschah, und die im Herzen wirksam wurde durch den Erweis des Geistes.

Paulus' Vision von Christus bewies und bekundete die Evangeliumswahrheit. Diese Vision zeigte, daß Christus tatsächlich von den Toten auferstanden und zur Rechten des Vaters aufgefahren war. Sie demonstrierte, daß sein Werk angenommen und er wirklich der Gesalbte des Vaters war, daß man ihn anbeten und ihm dienen soll.

Während die Wahrheit persönlich verkörpert war in der Vision von Christus, wurde sie näher erklärt durch seine *Stimme.* Die Worte des triumphierenden Jesus konfrontierten Paulus eindrücklich mit der Tatsache, daß sein Kampf gegen das Evangelium in Wirklichkeit ein Kampf gegen Gott war. Es ist deshalb kein Wunder, daß Paulus zitternd und erstaunt auf der Erde lag! Die Frage, die Jesus ihm stellte, war dazu bestimmt, das Gewissen von Paulus zu wecken und seine Sünde zu tadeln.

> *Aber Furcht ist nicht Glaube, Reue ist nicht Buße; auch bloßer Schrecken vermag nicht die Bekehrung des Herzens zu bewirken. Das Herz wendet sich durch die Anziehungskraft der Liebe des Retters. Und wenn einerseits die Worte Christi in ihm ein tiefes Schuldgefühl weckten und ihn erkennen ließen, daß seine Verfolgung der Gemeinde mit der Verfolgung Christi selbst identisch war, so waren sie andererseits dazu geeignet, ihm eine sehr lebendige Vorstellung vom Erbarmen und von dem Gnadenreichtum Christi zu vermitteln.*[27]

Gott bediente sich des Dienstes von Ananias, um Paulus weitere Anweisungen zu geben und ihn im Glauben zu befestigen (V. 6–19).

Praktische Lektionen aus diesem Fall:

1. Ein Mensch kann gebildet sein und nach außen ein vorbildliches Leben führen und dennoch des geistlichen Lebens völlig ermangeln, so daß er eine Erneuerung und Bekehrung braucht.

2. Ein Mensch kann Eifer für Gott, aber nicht die richtige Erkenntnis haben; aufrichtig, aber im Irrtum.

3. Unwissenheit über das Evangelium, kombiniert mit der Zugehörigkeit zu irgendeiner Religion und einem anständigen, moralischen Lebenswandel mündet oft in einen hartnäckigen Widerstand gegen Christus.

4. Wenn die Wahrheit, daß Jesus der Retter ist, geglaubt wird, so legt sie ein solides Fundament für die Hoffnung des Sünders.

5. Aus einem Verfolger kann ein Prediger werden.

# 5 Die Folgen des Heils

## *Rechtfertigung*

### Bedeutung von Rechtfertigung

Im hauptsächlichen Sinne geht es bei der Rechtfertigung nicht um unseren geistlichen *Zustand,* sondern um unsere geistliche *Beziehung,* nicht um unsere aktuelle *Lage,* sondern um unsere rechtmäßige *Stellung.*

Diese echte Beziehung ging durch die Sünde verloren. In bezug auf unsere Beziehung zu Gott sind es drei Dinge, die als Folge dieser Sünde zu nennen sind: Schuld, Verdammnis und Trennung (siehe 1. Mose 3).

Rechtfertigung bedeutet die Wiederherstellung dieser echten Beziehung zu Gott und schließt ein: Tilgung der Schuld durch die Zurechnung der Gerechtigkeit Christi (Röm. 8, 33: »Wer will die Auserwählten Gottes beschuldigen?«); Beseitigung der Verdammnis durch das Geschenk der Vergebung (V. 34: »Wer will verdammen?«); und Beseitigung der Trennung durch die Wiedereinsetzung in die Gemeinschaft (V. 35: »Wer will uns scheiden?«).

Rechtfertigung ist mehr als Verzeihung. Die in der Beziehung des Menschen zu Gott bewirkte Veränderung kann unter zwei verschiedenen Aspekten gesehen werden: tatsächliche Rechtfertigung und erklärte Rechtfertigung. »Tatsächliche Rechtfertigung« bedeutet, daß ein Sünder gerecht *gemacht* wird, indem ihm die Gerechtigkeit Christi zugesprochen wird. Nur auf diese Weise kann ein gerechter Gott den Gottlosen gerecht sprechen. »Erklärte Rechtfertigung« bedeutet, daß ein Sünder vor Gott gerecht *erklärt* wird.

Beachtenswert sind bestimmte Beweise für die juristische Bedeutung des Ausdrucks »Rechtfertigung«. Antithetische Ausdrücke: In der Bibel wird »Rechtfertigung« stets in Gegensatz zu »Verdammnis« gestellt. Man vergleiche (in bezug auf menschliche Urteile) 5 Mose 25, 1; Sprüche 17, 15 und Jesaja 5, 23. In diesen Stellen – und vielen anderen – werden zwei Gerichtsurteile genannt, die genau das Gegenteil voneinander sind. In bezug auf göttliche Urteile vergleiche man Matthäus 12, 37; Römer 5, 16 und Römer 8, 33f.

Korrelative Ausdrücke: Diese bezeichnen diesen oder jenen der verschiedenen Umstände, die in ein Urteil einbezogen werden. (Siehe 1. Mose 18, 25; Ps. 32, 1; 143, 2; Röm. 2, 2. 15; 8, 33; 14, 10; Kol. 2, 14; 1. Joh. 2, 1).

Äquivalente Ausdrücke: Siehe Römer 4, 3. 6–8; 2. Korinther 5, 19. 21.

James Buchanan stellt hinsichtlich dieser zwei Aspekte der Rechtfertigung (tatsächliche und erklärte) treffend fest:

*Während einerseits eine echte Analogie besteht, gibt es andererseits auch einen wichtigen Unterschied zwischen dem göttlichen Rechtfertigungsakt und dem juristischen Verfahren an menschlichen Gerichten. Der Urteilsspruch eines menschlichen Richters ist lediglich* deklaratorisch, *das heißt, er macht einen Menschen nicht eigentlich unschuldig oder schuldig; er erklärt ihn nur für unschuldig oder schuldig in den Augen des Gesetzes. Ein solches Urteil kann sogar ein Fehlurteil sein und einen unschuldig erklären, der in Wirklichkeit schuldig ist, oder einen anderen für schuldig erklären, der in Wirklichkeit unschuldig ist. Wenn Gott dagegen einen Sünder rechtfertigt, d. h. gerechtspricht, dann tut er etwas, was kein menschlicher Richter tun kann: Er macht den gerecht, der vorher nicht gerecht war, und erklärt ihn dann in seinem unfehlbaren Gericht als gerecht, was auch ganz der Wahrheit entspricht. Hauptsächlich in seinem* deklaratorischen *Aspekt gleicht der göttliche Gerechtsprechungsakt dem Urteil eines menschlichen Richters, während der Unterschied zwischen beiden Fällen darin besteht, daß der eine sich auf eine stellvertretende Gerechtigkeit bezieht und der andere auf eine persönliche Gerechtigkeit. Beide Urteile haben juristischen Charakter, da sie unter Bezugnahme auf ein Gesetz oder einen Gerechtigkeitsgrundsatz ausgesprochen wurden, das bzw. der beim betreffenden Fall zur Anwendung gekommen ist.*[1]

Rechtfertigung ist zu unterscheiden von Heiligung.

| *Rechtfertigung:*<br>»Christus *für* uns« | *Heiligung:*<br>»Christus *in* uns« |
|---|---|
| a) Unser Stand<br>b) Unsere Lage<br>c) Beziehung<br>d) Unser Friede – Christus für uns<br>e) Entgegennahme<br>f) Nicht schrittweise – augenblicklich | a) Unser Sein<br>b) Unser Zustand<br>c) Gemeinschaft<br>d) Unsere Reinheit – Christus in uns<br>e) Erlangung<br>f) Schrittweise – fortschreitend |

Anmerkung: Die römisch-katholische Theologie hat geschichtlich Rechtfertigung mit Heiligung verwechselt.

## Grundlage der Rechtfertigung

Vom positiven Standpunkt aus gesehen, ist die Grundlage unserer Rechtfertigung die im vollkommenen Gehorsamsleben und Opfertod unseres Herrn offenbar gewordene Gnade Gottes. Seine makellose Gerechtigkeit sowie das ganze Verdienst seiner göttlichen Person und seines Erlösungswerkes bilden die Basis unserer Rechtfertigung. Wir sind gerechtfertigt durch sein Blut (Röm. 5, 9). Seine Gerechtigkeit wird uns zugerechnet (Röm. 4, 6; 1. Kor. 1, 30; 2. Kor. 5, 21).

Was Paulus klarmachen will, ist, daß Gott in Christus das vollbracht hat, was der Mensch für sich selbst nicht tun konnte, und daß das, was Gott getan hat, völlig unverdient, spontan und ungesucht ist. Das ist das Wesen der Gnade (Röm. 3, 24). Das Entscheidende ist, unsere Rechtfertigung ist gänzlich von Gott abhängig und nicht von uns.

Vom negativen Standpunkt aus gesehen, ist es absolut unmöglich, daß menschliche Werke die Rechtfertigungsbasis sein können, denn der Gehorsam dem Gesetz gegenüber ist für uns unmöglich (Röm. 3, 28; Gal. 2, 16). Gott fordert vollkommenen Gehorsam (Gal. 3, 10), und den kann der Mensch nicht leisten.

Zwei Gründe für die Rechtfertigung ohne die Werke des Gesetzes seien besonders erwähnt: 1. Gewißheit der Sündenvergebung (Röm. 4, 16) und 2. Verherrlichung Gottes und nicht des Menschen (Eph. 2, 8f.; 1, 6f.).

Die Bibel lehrt nicht nur die Rechtfertigung ohne Werke; sie verurteilt auch diejenigen, die das Gegenteil davon lehren oder glauben. Man betrachte aufmerksam die folgenden Stellen im Brief von Paulus an die Galater: 1, 8f.; 2, 21–3, 3. 10; 5, 4.

## Methode der Rechtfertigung

Das Mittel der Rechtfertigung ist das Evangeliumswort. Die Rechtfertigung des Sünders wird im Evangeliumswort ausgesprochen. Anders ausgedrückt: So nahe wie uns das Wort des Glaubens ist, so nahe ist uns Gottes Freispruch.

Das Verdienst unseres Herrn wird unser »durch Glauben« (Eph. 2, 18; vgl. 13, 39). Paulus stellt fest: »Nun aber ist unabhängig vom Gesetz die Gerechtigkeit, die vor Gott gilt, bezeugt worden durch das Gesetz und die Propheten. Ich rede aber von der Gerechtigkeit vor Gott, die aus dem Glauben an Jesus Christus kommt« (Röm. 3, 21ff.).

Es ist wichtig zu verstehen, daß Glaube niemals die Grundlage der Rechtfertigung ist, sondern nur das Mittel dazu oder der Kanal. Er ist die Hand, die sich einfach ausstreckt, um die Gabe zu empfangen.

G. C. Berkouver schreibt:

> *Nirgendwo nimmt der Glaube die Gestalt eines Werkes, einer menschlichen Leistung an, die in der einen oder anderen Weise Rechtfertigung bewirkt. Die Präpositionen »durch«* (dia) *und »aus«* (ek) *weisen auf die Weise hin, wie der Mensch das Heil in Christus erlangt. In Galater 2, 16 laufen »durch Glauben« und »aus Glauben« parallel. Die Nuancierung in der Terminologie bietet keine echte Schwierigkeit, da der grammatikalische Gebrauch der Präpositionen in Verbindung mit dem Wort »Glauben« keine Not-*

*wendigkeit enthält, sie hier mit »weil« oder »wegen« zu übersetzen. Glaube wird nie dargestellt als ein Werk der Kreativität, der Vermittlung oder des Verdienstes. Er wird nie als Grund für die Rechtfertigung hingestellt.*[2]

J. Greshem Machen schreibt:

*Der Glaube des Menschen, richtig verstanden, kann nie im Gegensatz stehen zu der Vollständigkeit, mit welcher das Heil auf Gott beruht. Er kann niemals bedeuten, daß der Mensch selbst einen Teil tut, während Gott bloß den Rest macht, und zwar aus dem einfachen Grunde, daß Glaube nicht darin besteht, etwas zu tun, sondern etwas zu empfangen. Zu sagen, daß wir durch Glauben gerechtfertigt sind, ist nur eine andere Weise zu sagen, daß wir nicht im geringsten durch uns selbst gerechtfertigt sind, sondern einfach und ausschließlich durch den Einen, auf dem unser Glaube ruht.*[3]

Glaube ist die positive Antwort des Menschen auf Gottes rechtfertigende Gnade. Vertrauen geht auf die Wahrheit ein. Hooker hat gesagt: »Gott rechtfertigt den glaubenden Menschen, doch nicht wegen des Verdienstes seines Glaubens, sondern wegen des Verdienstes dessen, an den geglaubt wird.«[4]

### Wert der Rechtfertigung

Rechtfertigung ist notwendig für die geistliche Gesundheit. Sie ist die Grundlage des *Friedens* mit Gott (Röm. 5, 1). Sie ist auch die Grundlage der *Freiheit* in Christus. Das bedeutet Freiheit von der Sklaverei der Sünde und Freiheit zur Mitmenschlichkeit. Wenn jemand von der Sorge um sich selbst losgekommen ist, dann kann er sein Leben für andere einsetzen.

Rechtfertigung bedeutet auch die Freiheit, sich aller guten Dinge des Lebens – im Rahmen vom Grundsatz der Nächstenliebe – zu erfreuen (Röm. 14).

## *Adoption*

Ein Untertan kann durch seinen Herrscher von den gegen ihn erhobenen Anschuldigungen freigesprochen werden, doch das macht ihn nicht zu einem Sohn des Herrschers. Soll er adoptiert werden, so geschieht das durch eine besondere Gunsthandlung. So wenden wir jetzt unsere Aufmerksamkeit diesem Aspekt des Erlösungswerkes Christi zu.

Diese Sohnschaft ist nicht gleichzusetzen mit der Beziehung, die Christus als den eingeborenen Sohn des Vaters darstellt. Ebensowenig ist sie gleichzusetzen mit der Beziehung, die alle Menschen schöpfungsmäßig als Söhne Gottes darstellt. Von dieser Beziehung ist die Rede in Apostelgeschichte 17, 25–29; Hebräer 12, 9 und Jakobus 1, 18. Auch Maleachi 2, 10 ist hier zu nennen, obwohl diese Stelle nur auf Gottes Vaterschaft über sein alttestamentliches Volk hinweist.

Die Adoptionslehre ist ausschließlich paulinisch. Das mit »Kindschaft« oder »Sohnschaft« übersetzte griechische Wort *(huiothesia)* kommt nur fünfmal in der Bibel vor, und zwar nur in den paulinischen Schriften. Einmal bezieht es sich auf Israel als Nation (Röm. 9, 4), einmal auf die volle Verwirklichung bei der Wiederkunft Christi (Röm. 8, 23) und dreimal als auf eine gegenwärtige Realität im Leben des Gläubigen (Röm. 8, 15f.; Gal. 4, 5; Eph. 1, 5).

Bei Römer 8, 15 ist unter dem Geist der Kindschaft am besten der Heilige Geist zu verstehen. (Für diese Ansicht spricht der Parallelismus mit Gal. 4, 6.) Der Heilige Geist ist nicht der, welcher adoptiert – das ist vornehmlich das Werk des Vaters –, sondern der, durch den das Kind Gottes »Abba, Vater« rufen und seine Rechte und Privilegien als Gottes Kind realisieren kann. Die Wiederholung »Abba, Vater« deutet auf die zuversichtliche Vertrautheit hin, die der Heilige Geist im Gotteskind bewirkt. In Galater 4, 5 weist Paulus darauf hin, daß Gottes Absicht eine doppelte war: Erlösung und Sohnschaft. Es war Gottes Ziel, nicht einfach Sklaven zu befreien, sondern Söhne zu machen. In Epheser 1, 5 stellt Paulus fest, daß Gott solche »vorherbestimmt« (im voraus ausersehen) hat, die den ehrenvollen Sohnesstatus erhalten sollten.

Es ist viel darüber diskutiert worden, ob die Wurzel der Verwendung des Ausdrucks »Sohnschaft« durch Paulus jüdisch, griechisch, römisch oder irgendeine andere Tradition ist. Es scheint, als wäre sie für den Autor eher römisch gewesen. Francis Lyall meint, daß, obwohl man diesen drei Briefen einen juristischen Einschlag des jüdischen Gesetzes zuschreiben kann, das jüdische Gesetz keinen Adoptionsbegriff enthielt, auf welchen der Apostel sich wesentlich beziehen konnte.

> *Andererseits stellt das römische Gesetz einen gemeinsamen Faktor dar. Die Gemeinden von Ephesus und Galatia lagen in Bevölkerungszentren, die unter römischer Autorität standen, und die Gemeinde in Rom selbst war sicher mit dem lokalen Gesetz vertraut. Im Verein mit dem Gebrauch, den Paulus auch sonst von Begriffen machte, die dem römischen Gesetz zu eigen waren, beginnt sich ein Muster herauszubilden. Paulus war sowohl römischer Bürger wie auch ein im jüdischen Gesetz bewanderter Rechtsgelehrter. Es ist bekannt, daß reisende Rechtsgelehrte dazu neigen, Kenntnis von ande-*

*ren Rechtssystemen zu nehmen, und es fällt mir schon aus diesem Grunde schwer zu glauben, daß Paulus das römische Gesetz nicht gekannt haben sollte. Wenn wir die Tatsache hinnehmen, daß das römische Gesetz die übergeordnete Jurisdiktion über ihn als Bürger innehatte, dann bekommt dieses Argument erhebliches Gewicht.*

*Schließlich . . . muß die Angemessenheit der Metapher in Betracht gezogen werden. Es ist unnötig zu spekulieren, welche Form von Adoption,* adoptio *oder* adrogatio, *gemeint gewesen sein mochte. Während es zutrifft, daß* adrogatio *zur Zeit von Paulus nur in Rom vorgenommen werden konnte, so haben nichtsdestoweniger beide Formen den gleichen fundamentalen Effekt. Der Adoptierte wird aus seinem früheren Stand herausgehoben und in eine neue Beziehung mit seinem neuen* pater familias *(Familienvater) gestellt. Alle seine alten Schulden sind getilgt, und er beginnt effektiv ein neues Leben. Von diesem Moment an gehören dem* pater familias *alles Eigentum und aller Erwerb, er überwacht seine persönlichen Beziehungen und besitzt das Züchtigungsrecht. Andererseits trägt er die Haftung für die Handlungen des Adoptierten und ist seinerseits zu Beistand und Unterhalt verpflichtet.*

*Die christlichen Lehren von Erwählung, Rechtfertigung und Heiligung implizieren, daß der Gläubige aus seinem alten Stand herausgehoben und in eine neue Beziehung zu Gott versetzt worden ist. Er ist jetzt für immer ein Glied der Familie Gottes, mit gegenseitigen Rechten und Pflichten. All seine Zeit, sein Besitz und seine Kraft sollte von jetzt an unter Gottes Kontrolle gestellt werden. Das römische Adoptionsgesetz mit seinem* patria-potestas-*Begriff ist eine besonders nützliche Illustration für die Aktualisierung dieser Lehren. Meine Folgerung ist, daß der von Paulus vorgenommene Gebrauch des Begriffes »Adoption« im Römer-, Epheser- und Galaterbrief eine bewußt gewollte und passende Bezugnahme auf das römische Gesetz war.*[5]

Beim Adoptionsakt wird ein Kind von einem Manne aufgenommen, der nicht zu seiner eigenen Familie gehört, in eine neue Familie eingeführt und als echter Sohn betrachtet, der Anspruch besitzt auf alle Vorrechte und Pflichten, die zu dieser Beziehung gehören.

Die Realität dieser Adoption im geistlichen Sinne kann wie folgt beschrieben werden: 1. Die gefallenen Menschen sind Fremde gegenüber der Familie Gottes; sie sind gegenüber Gott, seinem Gesetz und all seinen Interessen Feinde. Sie sind von ihrem Vater, dem Teufel. 2. Von diesem Zustand aus sind sie eingeladen, zu kommen und in die Familie Gottes einzutreten, seinen Namen auf sich zu nehmen und seine väterliche Fürsorge und Zucht zu erfahren. 3. Diejenigen, welche diese Einladung annehmen, werden in seine Familie aufgenommen und haben Anspruch auf seine elterliche Liebe. Von diesem Moment an werden sie Gottes Kinder genannt. Sie dürfen und sollen jetzt Gott als ihren Vater anreden.

## Besonderheit der Adoption

Es ist eine Hilfe, Adoption mit anderen bereits behandelten Gnadenakten zu vergleichen.

Adoption ist nicht zu trennen von Wiedergeburt und Rechtfertigung. Solche, die das Anrecht erhalten haben, Söhne Gottes zu werden, sind auch diejenigen, die von Gott geboren sind (Joh. 1, 13). Die Empfänger der Sohnschaft sind stets solche, die gerechtfertigt worden sind.

Adoption ist – wie Rechtfertigung – ein rechtlicher Akt. Es ist die Verleihung eines Status, nicht das Einpflanzen von etwas in uns. Es hat mit einer Beziehung zu tun, nicht mit einer Disposition.

Adoption wird durch den Dienst des Geistes erkennbar und ausführbar gemacht (Gal. 4, 6; Röm. 8, 15f.).

Wiedergeburt ist die Voraussetzung für Adoption. Murray sagt: »Wenn Gott Männer und Frauen in seine Familie aufnimmt, so stellt er sicher, daß sie nicht nur die Rechte und Vorrechte seiner Söhne und Töchter haben, sondern auch die Natur oder die Dispositionen, die einem solchen Stand entsprechen. Das tut er in der Wiedergeburt.

## Wirkungen der Adoption

Man wird zum Empfänger des Mitgefühls und der Fürsorge seines himmlischen Vaters (Luk. 11, 11–13). »Die Erlösten werden in eine enge Beziehung zu Gott gebracht, enger als bei lediglich intelligenten Geschöpfen, in eine Beziehung, die der Größe der Dinge entspricht, die getan und erlitten wurden, um sie zustande zu bringen.«[7]

Gott versorgt seine Kinder. »Der Herr ist mein Hirte; mir wird nichts mangeln« (Ps. 23, 1).

Er beschützt sie auch. »Gelobt sei der Herr, mein Fels . . . meine Hilfe und meine Burg, mein Schutz und mein Erretter, mein Schild, auf den ich traue« (Ps. 144, 1f.).

Er unterweist sie. »Dieses Werk vollbringt er durch seine Fügung durch sein Wort, durch seine Gebote, durch seine Diener, durch das Leben der Gotteskinder und den Umgang mit ihnen, durch das göttliche Vorbild seines Sohnes und besonders durch die Mitteilungen seines Geistes.«[8]

Er korrigiert sie. »Zu eurer Erziehung müßt ihr leiden. Gott behandelt euch als seine Kinder; denn wo ist ein Sohn, den der Vater nicht züchtigt?« (Hebr. 12, 7).

Man darf mit Zuversicht vor Gott hintreten und als ein Kind zu einem Vater kommen (Hebr. 4, 14–16).

Man wird zunehmend in das Bild Christi verwandelt und erwartet jenen Tag, an dem die Söhne Gottes ihm gleich sein und ihn sehen werden, wie er ist (1. Joh. 3, 1f.).

Man wird zu einem Erben Gottes und einem Miterben Christi (Röm. 8, 17).

### *Heiligung*

Dieses Gebiet unseres Studiums dreht sich vor allem um den direktesten und sofort relevanten Aspekt des *Ordo Salutis.* »Heiligkeit . . . ist ein praktischer Begriff und hat mehr mit unserem gegenwärtigen irdischen Leben als mit einer zukünftigen himmlischen Existenz zu tun.«[9] Wenn ein Mensch vom geistlichen Tod zum geistlichen Leben hindurchgedrungen ist, so stellt er sich ganz natürlich die Frage, wie er dieses neue Leben am besten ausleben kann. Mit dieser Fragestellung tritt das Thema der biblischen Ethik als ein wichtiger Aspekt der Heiligungslehre in Erscheinung. Deshalb soll es in die nachfolgende Diskussion eingeschlossen werden.

#### Grundlage der Heiligung

Heiligung hat mit der zunehmenden Entfaltung des durch den Heiligen Geist in der *Wiedergeburt* eingepflanzten Lebens zu tun.

Der Indikativ der Rechtfertigung führt zum Imperativ der Heiligung; Rechtfertigung ist die theologische Basis der evangelischen Ethik. Sie läßt sich folgendermaßen darstellen:

| *Rechtfertigung* | *Heiligung* |
|---|---|
| »Gabe«<br>(Indikativ)<br>»Gute Früchte«<br>Erklärung (Gal. 5, 19–24) | *»Aufgabe«*<br>*(Imperativ)*<br>*»Gute Werke«*<br>*Pflicht (Gal. 5, 25)* |

Es ist zu beachten, daß in den paulinischen Schriften nach der Darlegung der Rechtfertigungslehre gewöhnlich Ermahnungen zum Handeln folgen. Gläubige sollen in der Praxis ausleben, was ihnen durch die Gnade gegeben worden ist. Es geht nicht darum, daß gute Werke einen guten Menschen machen, sondern daß ein guter Mensch gute Werke tut.

#### Bedeutung von Heiligung

Die Grundbedeutung von »heilig« ist »getrennt« oder »abgesondert«. In bezug auf Gott können wir zwischen majestätischer Heiligkeit und ethischer Heiligkeit unterscheiden.

*Majestätische* Heiligkeit meint das Getrenntsein Gottes von seinen Geschöpfen. Er ist unendlich hocherhöht über seiner Schöpfung; er ist der Transzendente, der Gänzlich-Andere (2. Mose 15, 11; Jes. 40, 26; 57, 15).

*Ethische* Heiligkeit meint das Getrenntsein Gottes von der Sünde. »Gott kann in keinerlei Weise einen Kompromiß mit der Sünde schließen. Er muß die Befolgung und Übereinstimmung mit seinen sittlichen Gesetzen fordern, und jeder, der mit Gott Umgang pflegen will, muß rein sein in Gedanken, Worten und Taten.«[10] (Siehe Ps. 24, 3f.; Jes. 6, 1–5; Hebr. 1, 12.) Beide Aspekte der Heiligkeit Gottes sind in Jesaja 6 zu erkennen. Wenn der Mensch auf Gottes majestätische Heiligkeit mit einem Gefühl seiner Geschöpflichkeit reagiert, dann muß seine Reaktion auf Gottes ethische Heiligkeit ein Sündenbewußtsein hervorrufen. Das, was den Prophet erbeben ließ vor dem Herrn, war nicht nur das Bewußtsein seiner Endlichkeit in der Gegenwart des Unendlichen, sondern auch – und vielleicht ganz besonders – das Bewußtsein seiner Sünde in der Gegenwart sittlicher Reinheit (V. 5).

Es ist dieser ethische Aspekt der Heiligkeit Gottes, der die Grundlage für unser Verständnis der Heiligungslehre bildet. Heiligung kann definiert werden als »das Werk der freien Gnade Gottes, durch das wir dem ganzen Menschen nach erneuert werden zu dem Bilde Gottes und mehr und mehr befähigt werden, der Sünde abzusterben und in Gerechtigkeit zu leben.«[11]

»Heiligung ist die Inanspruchnahme allen menschlichen Lebens und Seins und Tuns durch den Willen Gottes für die aktive Erfüllung dieses Willens.«[12] Heiligung »ist die allumfassende Erneuerung unseres Wesens durch den Heiligen Geist zum Bilde Gottes, durch Jesus Christus.«[13] (Siehe 2. Kor. 5, 17.)

In 1. Thessalonicher 5, 23 betet Paulus, Gott möge die Thessalonicher durch und durch heiligen. Der Grund für dieses Gebet geht deutlich aus dem Textzusammenhang hervor. Er hat ihnen Anweisungen erteilt für die Pflege gewisser Eigenschaften und für die Ausübung gewisser Pflichten, und diese konnten nur durch das Werk Gottes in ihnen realisiert werden. So schreibt er: »Der Gott des Friedens aber heilige euch durch und durch und bewahre euren Geist samt Seele und Leib unversehrt, damit ihr untadelig seid bei der Ankunft unsres Herrn Jesus Christus.«

Dieser Text zeigt, daß der Urheber dieser Heiligung Gott ist. Das wird nachdrücklich betont – »der Gott des Friedens selbst« (Zürcher Übers.). Wenn Gott es nicht tut, kann niemand anders es. Er tut es aus seiner Gnade heraus, durch seine eigene Kraft und zu seiner Verherrlichung.

Der Vater wird hier als der »Gott des Friedens« beschrieben, weil Heiligung eine Auswirkung des Friedens mit ihm ist, den er durch Jesus Christus für uns gemacht hat. John Owen hat treffend festgestellt: »Heiligkeit erhält in uns ein Gefühl des Friedens mit Gott und verhütet jene geistlichen Risse, welche die Überbleibsel unserer Feindschaft bewirken würden.«[14]

Der Vers zeigt auch, daß umfangmäßig diese Heiligung unser ganzes Wesen einschließt – Geist, Seele und Leib.

Bei der Heiligung geht es auch um unsere Bewahrung am Tage des Gerichts. Der Gedanke von Paulus hier (1. Thess. 5, 23) scheint die Bewahrung an *(en)* jenem Tage selbst zu sein und nicht bis *(eis)* zu jenem Tage. Zu der Zeit werden wir von Gott selbst bewahrt. »Bewahre euren . . .« steht für die Gläubigen im passiven Sinn. Die Betonung liegt also auf der Tatsache, daß *er* es ist, der bewahren wird. Gott bewahrt uns nicht nur *bis* zur Parousia, sondern er wird es auch *an* jenem Tage tun.

## Wesen der Heiligung

Die Heiligung des Heiligen Geistes darf nicht mit anderen wichtigen Ideen durcheinandergebracht werden. Sie besteht nicht in einer Übereinstimmung mit dem natürlichen Erkenntnislicht oder in einer bloßen Anpassung an Gottes Gesetz, auch nicht in einer bloß äußerlichen Reformation des Lebens (s. Pharisäer).

Sie liegt auch nicht in bewahrender Gnade. Jemand kann von groben Sünden zurückgehalten werden durch die Eltern, durch behördliche Gesetze und durch den Wortdienst; er kann durch eine Fügung vor der Befleckung der Welt bewahrt bleiben und dennoch nicht geheiligt sein.

Heiligung liegt nicht in den Gaben, seien sie gewöhnliche oder außergewöhnliche. Judas Ischariot mag vielleicht beides gehabt haben, die gewöhnliche Gabe eines Predigers und die außergewöhnliche Gabe eines Apostels, und doch war er eindeutig kein heiliger Mensch. John Gill schreibt: »Gaben sind nicht Gnade; ein Mensch mag alle Gaben haben, alle Erkenntnis, mit Menschen- und mit Engelszungen reden und doch keine Gnade haben; es mag eine Silberzunge dort sein, wo das Herz nicht geheiligt ist.«[15]

Heiligung kann als das Ablegen des alten und das Anziehen des neuen Menschen bezeichnet werden (Eph. 4, 22. 24). Der alte Mensch ist die verderbte Natur, mit der alle Menschen auf die Welt kommen. Mit »ablegen« meint der Apostel nicht ihre Zerstörung, sondern ihre Entfernung vom Kontrollzentrum. Der neue Mensch ist die heilige Natur, die bei der Wiedergeburt im Herzen geschaffen wird. Mit »anlegen« meint der Apostel die Wirksamkeit der Eigenschaften, aus denen diese neue Natur besteht (s. Kol. 3, 12f.).

Wahrscheinlich ist es am besten, den Ausdruck »Natur« als »Fähigkeit« zu verstehen. In diesem Sinne ist die alte Natur jene Fähigkeit, welche alle Menschen besitzen, um Satan, der Sünde und sich selbst zu dienen und zu gefallen. Die neue Natur des Geistes dagegen ist die Fähigkeit, Gott, der Gerechtigkeit und anderen zu dienen.

Von der Heiligung läßt sich sagen, daß sie mit Belebung und mit Abtötung zu tun hat.

Heiligung – als ein Prinzip – ist ein heiliges, lebendiges Prinzip, mitgeteilt bei der Wiedergeburt. Aus dieser Belebung strömt hervor ein Leben durch den Glauben an Christus, ein Wandel in einem neuen Leben, eine nüchterne, gerechte und göttliche Lebensführung.

Heiligung bedeutet nicht die Abschaffung des Leibes der Sünde bei wiedergeborenen und geheiligten Menschen. Obwohl die Heiligen nicht in der Sünde leben, lebt sie noch in ihnen, und manchmal wird sie sehr aktiv und mächtig. Was hier gemeint ist (Abtötung), ist die Schwächung der Sündenmacht und ein Töten der Taten des Leibes, so daß ein sündiger Kurs nicht weiter verfolgt wird. Dafür bedarf es des Geistes Gottes und seiner Gnade (Röm. 8, 13; Kol. 3, 5).

*In Hinsicht auf Gott* besteht Heiligung in einer heiligen Ehrfurcht vor ihm – in einer göttlichen Furcht. »Die Furcht des Herrn ist der Anfang der Weisheit« (Spr. 1, 7).

Sie schließt auch Liebe zum Herrn ein. Jesus sagte zu einem Schriftgelehrten: »Du sollst den Herrn, deinen Gott, lieben mit ganzem Herzen, mit ganzer Seele und mit all deinem Verstand« (Matth. 22, 37). Ein ungeheiligter Mensch kann nicht den Gott lieben, der rein und heilig ist. Die fleischliche Gesinnung ist Feindschaft wider Gott. Beachten wir, was Hiob vom Heuchler sagt: »Kann er an dem Allmächtigen seine Lust haben und Gott allezeit anrufen?« (Hiob 27, 10).

Heiligung beinhaltet die freudige Unterstellung unter den Willen Gottes in allen Dingen. Vielleicht besteht der *Kern* der Heiligung in der freudigen Anpassung unseres Willens an den Willen Gottes. Der Schreiber des Hebräerbriefes beschließt diesen mit dem Gebet, der Gott des Friedens möge die Leser fähig machen zu allem Guten, damit sie seinen Willen tun (Hebr. 13, 20f.).

Heiligung zeigt sich auch in religiösen Übungen und in andachtsvoller Tätigkeit. Heiligung tut sich kund in inbrünstigem Gebet, welches das Atmen einer geheiligten Seele ist. Aber sie bedeutet auch, ihm in dieser Welt zu dienen. Gott ist Richtschnur und Maßstab nicht nur für unser »religiöses« Tun, sondern für alles Tun in unserem Leben. »Man könnte sich wirklich nichts Absurderes vorstellen als weise, erhabene und himmlische Gebete und im Verein damit ein Leben, in dem weder Arbeit noch Freizeit, weder Zeit noch Geld der Weisheit und dem Verlangen unserer Gebete entsprechen.«[17]

Heiligung beruht auch auf dem eifrigen Verlangen der Seele nach Gemeinschaft mit Gott. »Unsere Gemeinschaft ist mit dem Vater und mit seinem Sohn Jesus Christus« (1. Joh. 1, 3).

Außerdem besteht sie im Trachten nach der Ehre Gottes in *allem* Tun. »Ob ihr nun eßt oder trinkt oder was ihr auch tut, das alles tut zu Gottes Ehre« (1. Kor. 10, 31). Wer seine Religion zur Schau trägt, sucht seine eigene Ehre und hat seinen Lohn schon bekommen (Matth. 6, 1; siehe Joh. 7, 18).

*In Hinsicht auf Christus* besteht die Heiligung darin, daß wir fortfahren, uns ihm als unserem Herrn zu unterwerfen. »Da sprach Jesus zu seinen Jüngern: Wer mir nachfolgen will, der verleugne sich selbst und nehme sein Kreuz auf sich und folge mir« (Matth. 16, 24).

Heiligung ist auch, sich Jesus zum Vorbild nehmen. »Hat doch auch Christus für euch gelitten und euch ein Vorbild hinterlassen, damit ihr seinen Fußtapfen folgen sollt« (1. Petr. 2, 21).[19] Wir müssen fortwährend eine größere Umwandlung in sein Bild erstreben. »Geheiligte Herzen möchten bei Christus sein, damit sie ihm vollkommen gleich sind, und ihn sehen, wie er ist.«[20]

Heiligung heißt, zu ihm zu kommen, um sich reinigen zu lassen. »So wir unsere Sünden bekennen, ist er treu und gerecht und vergibt uns unsere Sünden und reinigt uns von aller Untugend« (1. Joh. 1, 9).[21]

*In Hinsicht auf den Heiligen Geist* besteht Heiligung im Trachten nach den Dingen des Geistes. »Denn wer vom eigenen Begehren bestimmt wird, trachtet nach dem, was unsere selbstsüchtige Art will; wer aber vom Geist Gottes bestimmt wird, der trachtet nach dem, was Gott will« (Röm. 8, 5).

Heiligung besteht wiederum im Wandeln gemäß dem Leiten und Belehren des Geistes. ». . . die wir nicht dem menschlichen Begehren folgen, sondern dem Geist Gottes« (Röm. 8, 4; vgl. Gal. 5, 5. 25; Röm. 12, 11; 15, 13).

Heiligung heißt, darauf sorgsam zu achten, den Heiligen Geist nicht zu betrüben, durch den wir versiegelt sind auf den Tag der Erlösung (Eph. 4, 30).

Heiligung bedeutet, nicht den Geist zu dämpfen, durch den Geistesgaben betätigt werden (1. Thess. 5, 19). Das Wort »dämpfen« bedeutet wörtlich, eine Flamme oder eine Lampe »auslöschen« (Mark. 9, 48; Matth. 25, 8). Metaphorisch meint es »unterdrücken«, »ersticken«. Das negative »nicht« steht im Gegenwartsimperativ, heißt also: »Hört auf, den Geist zu dämpfen.« Etliche der Thessalonicher waren schon dabei, den Geist zu dämpfen, indem sie versuchten, die Betätigung der besonderen Gaben zu ersticken, mit denen er sie beschenkt hatte (1. Thess. 5, 20). Aufgrund des Textzusammenhanges sollte man wohl den Hauptbezug bei den außerordentlichen Gaben des Geistes und nicht bei seinen ethischen Früchten sehen.

*In Hinsicht auf die Sünde* schließt Heiligung einen Haß auf die Sünde und Leidtragen darüber ein. Wer die Gnade der Heiligkeit hat, verabscheut sich selbst wegen seiner Sünde. Paulus ruft aus: »Ich elender Mensch!« (Röm. 7, 24a; vgl. Ps. 119, 113).

Heiligung besteht im andauernden, entschiedenen Bemühen, sich der Sünde zu enthalten. Die sowohl im Herzen eingepflanzte wie auch im Wort geoffenbarte Gnade Gottes lehrt uns, dem Leben ohne Gott und den weltlichen Begierden abzusagen (Tit. 2, 11 f.).

Sie umfaßt auch das ernste Verlangen, von der Sünde gänzlich frei zu werden. In dem oben zitierten Vers ruft der Apostel aus: »Wer wird mich erlösen von dem Leibe dieses Todes?« (Röm. 7, 24b).

*In Hinsicht auf andere* besteht Heiligung in einer Kundgebung der Frucht des Geistes. »Die Frucht des Geistes aber ist Liebe, Freude, Friede, Geduld, Freundlichkeit, Güte, Treue, Sanftmut, Selbstbeherrschung. Gegen all dies ist das Gesetz nicht« (Gal. 5, 22 f.). Das Wort »Frucht« in der Gegenüberstellung zu »Werken« (V. 19) weist klar darauf hin, daß der Gläubige diese Tugenden nicht selber hervorbringen kann – sie müssen durch den Geist gewirkt werden. Des weiteren betont die Einzahlform die Tatsache, daß dieses Werk des Geistes eine Einheit darstellt. Wir wollen diese Frucht kurz prüfen.

*Liebe.* Nach dem Kontext ist diese besonders als Liebe zu den Brüdern zu verstehen (vgl. V. 13 f.). Dies ist die Wurzel aller anderen Tugenden (1. Kor. 13, 13). Diese Liebe ist das Aussichherausgehen zugunsten anderer, ohne durch einen Wunsch nach persönlicher Bereicherung oder durch den Wert dessen, dem man Liebe entgegenbringt, motiviert zu sein. Solche Liebe kann nur der Geist hervorbringen![22]

*Freude.* Das ist jene geistliche Freude, die das Angenommensein bei Gott und die Herzensveränderung hervorbringen . . . Es ist bewußte Hebung des Charakters, das Aufhören des Konfliktes, den der Charakter vorher gekannt hat, das Sichauftun einer neuen Welt und die Hoffnung auf die zukünftige Vollkommenheit und den Sieg.«[23] Freude ist eine innere Stabilität der Seele, die alle äußeren Umstände überragt. Glück ist von Geschehnissen abhängig, aber Freude ist von Jesus abhängig.

*Friede.* In erster Linie ist das der Friede *mit* Gott. Dann schließt er auch Friede mit sich selbst und seinem Nächsten ein.

*Geduld.* Das Gegenteil davon ist das Verlieren der Selbstbeherrschung. Sie befähigt uns, Unrecht zu ertragen, ohne nach Rache zu trachten.

*Freundlichkeit.* Das bedeutet Gütigkeit, Leutseligkeit, Wohlwollen. Es heißt auch, eine sanfte Antwort geben.

*Güte.* »Es ist schwer, sie vom vorhergehenden Ausdruck zu unterscheiden . . . Sie kann soviel wie Wohltat bedeuten – Freundlichkeit praktisch manifestiert.«[24]

*Treue.* Das ist Vertrauen zu Gott und Menschen: »Vertrauen in Gott und in alle seine Verheißungen bei allen Fügungen; ein Geist arglosen und großen Vertrauens in Menschen, unbewegt durch Zweifel und Eifersüchteleien, ohne mögliche Mißtrauensgründe heraufzubeschwören und ohne traurige Lektionen früherer gebrochener Versprechungen zu hüten.«[25]

*Sanftmut.* Das bedeutet Ergebenheit Gott gegenüber und Sanftmut Menschen gegenüber. Sanftmut ist nicht Schwäche, sondern Charakterstärke.

*Selbstbeherrschung.* Sie bedeutet die Fähigkeit, Triebe und Neigungen zu zügeln. »Das Wort muß in seinem weitesten Sinn verstanden werden und nicht grundsätzlich in bezug auf sexuelle Sünde . . . Diese Tugend bewahrt vor allen Sünden persönlicher Exzesse und ist besonders gegen Trunkenheit und Schwelgerei als Werke des Fleisches gerichtet.«[26]

## Gegenstand der Heiligung

Die Geheiligten sind die Auserwählten Gottes. Alle, die Gott in Ewigkeit erwählt hat, heiligt er in der Zeit. Sie sind die Erlösten. Gegenstand der Erwählung, der Erlösung und der Heiligung sind dieselben Menschen. Die vom Vater auserwählt und durch den Sohn erlöst sind, sind durch den Geist geheiligt (Jes. 62, 12).

Heiligung umfaßt das ganze Wesen der Erlösten – Geist, Seele und Leib (1. Thess. 5, 23).

*Die Seele und/oder der Geist.* 1. Der Sinn wird erleuchtet, damit er heilige und geistliche Dinge wahrnehmen kann. »Erneuert euch aber in eurem Geist« (Eph. 4, 23). 2. Der Wille beugt sich dem Willen Gottes, um ihm zu dienen. »Denn Gott ist's, der in euch das Wollen wie das Vollbringen wirkt« (Phil. 2, 13). Die Zuneigung wird geheiligt. »Eure brüderliche Liebe sei herzlich« (Röm. 12, 10).

*Der Leib, alle seine Glieder.* »Stellt auch nicht eure Glieder der Sünde zur Verfügung als Waffen der Ungerechtigkeit, sondern stellt euch Gott zur Verfügung . . . und eure Glieder Gott als Waffen der Gerechtigkeit« (Röm. 6, 13).

## Ursachen der Heiligung

Die *wirkende* Ursache ist der dreieine Gott – der Vater (1. Thess. 5, 23; 1. Petr. 1, 15f.; 5, 10), der Sohn (Hebr. 2, 11) und der Heilige Geist (1. Petr. 1, 2). Die *treibende* Ursache ist der gute Wille Gottes (1. Thess. 4, 3).

Die *mittelbare* Ursache sind das Wort und die Taten Gottes. In seinem hohenpriesterlichen Gebet sagte Jesus: »Heilige sie in der Wahrheit, dein Wort ist Wahrheit« (Joh. 17, 17). Das Wort wird auf drei Weisen erschlossen: 1. geschrieben – die Bibel; 2. gepredigt – die Predigt; 3. symbolisiert – in den Heilszeichen. Die Taten Gottes nehmen manchmal die Gestalt von Heimsuchungen an. »Jede Züchtigung aber scheint uns, wenn sie da ist, nicht Freude, sondern Leid zu sein; darnach aber bringt sie denen, die dadurch geübt worden sind, Frieden und Gerechtigkeit als ihre Frucht« (Hebr. 12, 11; siehe Ps. 119, 67. 71).

## Eigenheiten der Heiligung

Heiligung bedeutet, daß der Gläubige *stellungsmäßig* für Gott abgesondert ist durch sein neues Leben in Christus. Das ist nicht eine Sache geistlichen Niveaus. Im Blick auf die fleischlichen Gläubigen in Korinth schrieb Paulus: »Aber ihr seid reingewaschen, ihr seid geheiligt, ihr seid gerecht geworden durch den Namen des Herrn Jesus Christus und durch den Geist unsres Gottes« (1. Kor. 6, 11); die Vergangenheitsform der griechischen Verben weist darauf hin, daß diese Taten schon vollbracht sind.

Heiligung bedeutet, daß der Gläubige *erfahrungsmäßig* für Gott abgesondert ist durch den Dienst des innewohnenden Geistes.

Das Werk der Wiedergeburt geschieht augenblicklich und besteht aus einem einzelnen kreativen Akt. Es ist also nicht etwas Stufenweises. Keiner ist mehr oder weniger wiedergeboren als ein anderer; man ist entweder tot oder lebendig. Aber Heiligung ist fortschreitend und läßt Abstufungen zu; der eine kann geheiligter sein als der andere.

Die Bibel auferlegt den Gläubigen oft ein Zunehmen und Wachsen in der Heiligkeit. Der Apostel Petrus ermahnt: »Wachset aber in der Gnade und Erkenntnis unsres Herrn und Heilandes« (2. Petr. 3, 18). Paulus sagt von den Thessalonichern: »Wir müssen Gott allezeit für euch danken, liebe Brüder, wie es sich gebührt. Denn euer Glaube wächst sehr, und die gegenseitige Liebe nimmt bei euch allen zu« (2. Thess. 1, 3). Die Bibel redet von unserm *Wachsen* in der Gnade, vom *Überfließen* in Hoffnung und Liebe und vom *Zunehmen* in der Erkenntnis geistlicher Dinge. Solche Ausdrücke wären unnötig, wenn die erfahrungsmäßige Heiligung im Augenblick der Wiedergeburt vollendet wäre.

Heiligung bedeutet auch, daß der Gläubige *vollständig* für Gott abgesondert ist, indem schließlich seine Praxis und seine Stellung zu vollkommener Übereinstimmung gebracht werden (siehe Eph. 5, 26f.; Jud. 24f.).

Diese drei Aspekte der Heiligung lassen sich wie folgt darstellen:

| DER DREIFACHE ASPEKT DER HEILIGUNG | | |
|---|---|---|
| Gegenwart | Vergangenheit | Zukunft |
| Erfahrungsstand<br><br><br>Fortschreitende Aufgabe<br>1. Petrus 1, 15f. | Glaubensstand<br><br><br>Augenblickliche Gabe<br>1. Korinther 6, 11 | Vollkommenheitsstand<br>Erfahrungsstand<br>Glaubensstand<br>Sich vollendend<br>1. Johannes 3, 2 |

Heiligung ist ein Gebot für jeden Gläubigen ohne Ausnahme (1. Thess. 4, 3). Sie geht nicht nur eine Elitegruppe innerhalb der Gemeinde an. Bedauerlicherweise neigen wir dazu, das christliche Engagement auf zwei Ebenen zu sehen: eine ist die für »vollzeitliche Reichgottesarbeiter«, die andere für »christliche Laien«. Doch die Heilige Schrift bezeichnet *alle* Gläubigen als Heilige (1. Kor. 1, 1f.).

Die Grundlage des göttlichen Gebotes zur Heiligkeit des Lebens ist Gottes ethische Heiligkeit. Weil Gott heilig ist, gebietet er seinen Geschöpfen, heilig zu sein (1. Petr. 1, 15f.; siehe 3. Mose 19, 2).

In der Heiligung vollendet Gott seine ursprüngliche Schöpfungsabsicht, das heißt, die Erschaffung des Menschen nach seinem Bilde (1. Mose 1, 26; vgl. 2. Kor. 3, 18).

# 6 Die Gewißheit des Heils

*Beharren in der Gnade* bedeutet nicht, daß jeder, der seinen Glauben an Christus bekennt und in die Gemeinde aufgenommen wird, bis in Ewigkeit sicher ist. Viele, die das Heil zu besitzen behaupten, haben es nicht. Beharren in der Gnade meint auch nicht, daß es für einen Gläubigen unmöglich sei, rückfällig zu werden, das heißt, zeitweilig im Ungehorsam gegen Gott zu leben (siehe Luk. 22, 31–34).

Unter *Apostasie* (Abfall vom Glauben) ist nicht Heilsverlust zu verstehen. Sie ist vielmehr eine bewußte, entschiedene Zurückweisung des Evangeliums durch jemand, dem es vertraut ist und der sich nie dem Christus, von dem es Zeugnis gibt, ausgeliefert hat (2. Petr. 2, 20f.; beachte Kommentare zu Hebr. 6 später in diesem Kapitel).

Namenschristen können unter Umständen in einen solch engen Kontakt mit den übernatürlichen Kräften des Evangeliums kommen und eine Zeitlang darin fortfahren, daß sich ihre Lebensweise kaum von derjenigen solcher unterscheiden läßt, die tatsächlich das Leben Christi besitzen. Kommen Prüfungen, so erweist sich ihr Glaube allmählich als vorübergehend (siehe Mark. 4, 2–9).

*Beharren in der Gnade* ist ein viel passenderer Ausdruck als *ewige Sicherheit* zur Beschreibung des geistlichen Konzeptes, um das es hier geht. »Es ist völlig falsch zu sagen, ein Gläubiger sei auf ewig gerettet, völlig ungeachtet seiner sündigen und untreuen Lebensführung nach seiner Bekehrung. Die Wahrheit ist, daß der Glaube *immer in Beziehung* zu einem Leben in Heiligkeit und Treue steht.«[1]

Manche ziehen den Ausdruck »Bewahrung« vor in der Meinung, daß er besser verdeutlicht, daß Gott allein es ist, der die Rettungsabsicht seiner erwählenden Liebe ausführt.[2] Vielleicht sollte man beide Ausdrücke benutzen, um zu einer angemesseneren Begriffsdefinition zu gelangen.

Die Synthese der Bewahrung Gottes und des Beharrens in der Gnade der Heiligen kommt im Petrusbrief gut zum Ausdruck: »Ihr werdet ja aus Gottes Macht durch den Glauben für das Heil bewahrt, das am Ende der Zeit offenbart werden soll« (1. Petr. 1, 5). In diesem Text sind besonders drei Dinge zu beachten.

1. Gläubige werden *bewahrt.* Petrus verwendet hier einen militärischen Ausdruck. Er bedeutet, daß unser Leben von Gott bewacht wird, daß er jeden Tag unseres Lebens schützend über uns ist.

2. Gläubige werden *durch* Glauben bewahrt. Die endgültige Bewahrung der Gläubigen ist nie unabhängig von Gebrauch von Mitteln.

*Die biblische Wahrheit von der ewigen Bewahrung lehrt nicht, daß ein Mensch, der wirklich glaubt, ungeachtet seines Verhaltens ewige Heilssicherheit hat, im Gegenteil; sie lehrt, daß Gott das ewige Heil eines jeden wahren Gläubigen sichert, indem er durch die Kraft des Heiligen Geistes in ihm das Ausharren im Glauben und Gehorsam bis zum Ende wirkt.*[3]

3. Gläubige werden *zum* Heil bewahrt. Das bezieht sich zweifellos auf die letzte Vollendung, auf das Heil, das in der letzten Zeit offenbar wird (Röm. 13, 11; Hebr. 1, 14; 9, 28).

## *Drei historische Ansichten über das Beharren in der Gnade*

### Remonstranten

Die Remonstranten – Anhänger von Jakob Arminius und angeführt von Bischop und Grotius – übergaben den Staaten von Holland und Friesland 1610 eine Reihe von Artikeln, bekannt als Remonstrantia. Unter diesen Artikeln befand sich einer, welcher lehrte, daß wahre Gläubige oft, vollständig und endgültig vom rettenden Glauben abfallen könnten und es auch täten. Der Kern ihrer Auffassung war in ihrer Vorstellung von Freiheit und in der *Spannung* zu finden, die diese Freiheit unweigerlich bringt. Ihr Einwand lautete: Wenn Gläubige zuversichtlich sind, daß ihre Erwählung unveräußerlich sei, dann mangle es ihnen an Verantwortungsgefühl und am Bewußtsein des Sündenernstes. Tatsache ist, daß die reformierte Auffassung nicht leugnet, daß Gläubige Gott widerstreben und daß dies Verlust für sie bedeutet; aber sie leugnet, daß dieses Widerstreben total und endgültig sein kann.

### Rom

Nach katholischer Lehre kann Gnade verloren werden. Die Sakramente vermitteln viele Gnaden, aber sie bewirken keinen Willen, der unwiderruflich auf Gott ausgerichtet ist. Rom behauptet, daß sowohl die Bibel wie auch die Erfahrung lehre, daß beim Glaubenskampf immer die Möglichkeit eines radikalen und totalen Abfalls bestünde; rettende Gnade kann verloren werden. Christus habe das Sakrament der Beichte in erster Linie in Verbindung mit dem Abweichen von der Gnade eingesetzt.

Wenn man die Positionen der Remonstranten und Roms studiert, so entdeckt man bald, daß es Synergismus ist, welcher der Opposition gegen die Lehre vom Beharren in der Gnade zugrunde liegt. (Das Wort »Synergismus« bedeutet »zusammenarbeiten«. Gemeint ist damit, daß der Mensch zu seinem Heil mitwirken müsse.)[4]

Lutheraner

Die Kontroverse mit den Lutheranern war ganz anders als jene mit den Römisch-Katholiken. Später jedoch, als der Synergismus immer mehr zum Bestandteil der lutherischen Theologie wurde, verstärkte sich die Ähnlichkeit beträchtlich. Anfänglich verwarfen die Lutheraner die Lehre vom Beharren in der Gnade, sie leugneten aber nicht die Heilsgewißheit. Im Falle der Remonstranten und Roms wurden beide Konzepte abgelehnt.

Die Lutheraner beschuldigten die reformierte Position, den Begriff des Beharrens und der Gewißheit unabhängig von der Erwählung entwickelt zu haben und folgerichtig vom unveränderten Erwählungsratschluß zur Unveräußerlichkeit der Gnade übergegangen zu sein. Wie Professor Berkouver richtig bemerkt, war dieser Vorwurf nicht korrekt. »Wir dürfen um so dankbarer sein, zeigen zu können, daß die Heilsgewißheit in der Lehre der Reformierten Kirche überhaupt nicht mit einer abstrakten Information über Gottes Erwählung verbunden oder darauf begründet ist . . . Sie wollten nicht von Calvins Vorstellung von Christus als dem ›Spiegel der Erwählung‹ abweichen.«[5]

Gerhard behauptet, zusammen mit anderen Lutheranern, man müsse zwischen *totalem* und *endgültigem* Fallen unterscheiden (siehe Hes. 18, 24). Nach seiner Auslegung von 1. Johannes 2, 19 lehrt diese Stelle, der Auserwählte könne für eine Zeit total fallen, aber niemals *endgültig.* Auf diese Weise tut er beides: Er bekräftigt die Heilssicherheit und stellt sich gegen das reformierte Bekenntnis vom Beharren in der Gnade.

*Biblische Unterstützung*

(Diese Aufzählung ist nur eine Auswahl und nicht erschöpfend.)

Johannes 6, 39f.

> *Das aber ist der Wille dessen, der mich gesandt hat, daß ich nichts von allem verliere, was er mir gegeben hat, sondern daß ich's am Jüngsten Tage auferwecke. Denn das ist der Wille meines Vaters: Wer den Sohn sieht und an ihn glaubt, soll das ewige Leben haben; und ich werde ihn am Jüngsten Tage auferwecken.*

Die Lehre vom Beharren in der Gnade wird hier unmißverständlich dargelegt. Christus selbst lehrt, daß die Auserwählten (solche, die dem Sohn vom Vater gegeben sind, V. 37) bewahrt (beschützt) werden bis zum Ende. »Im göttlichen Ratschluß ist alles festgelegt, bis über die Möglichkeit einer menschlichen Willensänderung hinaus. Gott hat in der Sendung seines Sohnes einen Willen für die Menschen, und der Sohn ist gekommen, um ihn zu tun. Auf welchen Widerstand die Ausführung dieses Willens auch stoßen mag – alles ist bestimmt und gewiß. Es gibt keinen Zufall in diesem Werk. Gott hat es einem anvertraut, der nichts davon verlieren, sondern am Jüngsten Tag auferwecken wird.«[7]

Johannes 10, 27–30

> *Meine Schafe hören meine Stimme, und ich kenne sie, und sie folgen mir; ich gebe ihnen das ewige Leben, und niemals werden sie umkommen, und niemand wird sie aus meiner Hand reißen. Was mir der Vater gegeben hat, ist größer als alles, und niemand kann es aus der Hand des Vaters reißen. Ich und der Vater sind eins.*

Drei Feststellungen in diesem Abschnitt unterstreichen das Beharren in der Gnade.

1. Christus hat bestimmte Menschen zu seinen Schafen gemacht, indem er ihnen *ewiges Leben* gab (vgl. 3, 16; 10, 10). Dieses Leben unterscheidet sich qualitativ von dem, welches das gegenwärtige Zeitalter kennzeichnet, und quantitativ, indem es nie aufhört.

2. Christus stellt fest, daß diese *niemals umkommen* werden. Sie betreten niemals mehr einen Zustand der Verdammnis, welche die Voraussetzung für das ewige Verbanntwerden von der Gegenwart Gottes ist. Das Griechische enthält hier zur Unterstreichung den doppelten Negativ!

3. Er versichert, daß niemand sie aus seiner oder des Vaters Hand reißen kann. »Die Größe des Vaters, nicht der Herde, ist der Grund für die Sicherheit der Herde.«[8] Paulus drückt dieselbe Wahrheit lyrischer aus in Römer 8, 38f.

Johannes 17, 11; vgl. 11, 42

> *Heiliger Vater, erhalte sie bei deinem Namen, den du mir gegeben hast, damit sie eins sind wie wir.*
> *Ich wußte ja, daß du mich allezeit hörst.*

Unser großer Hoherpriester betet, daß der Vater *wacht* über die, die er ihm gegeben hat, damit sie nicht vom Bösen überwunden werden (17, 15). Die Einheit, für die er hier betet, ist nicht die einer kirchlichen Vermengung und auch nicht die eines ontologischen (wesensmäßigen) Einsseins mit dem dreieinigen Gott, sondern eine innere geistliche Zweckeinheit, um der Welt in dem Bemühen gegenüberzutreten, sie mit der Erlösungsbotschaft zu erreichen.

1. Johannes 3, 9

> *Wer aus Gott geboren ist, der tut keine Sünde; denn Gottes Kinder bleiben in ihm und können nicht sündigen, weil sie aus Gott geboren sind.*

Die neue Natur, die bei der Wiedergeburt empfangen wird, erweist sich als eine starke treibende Kraft zur Heiligkeit hin.

Die Analogie der Geburt ist auch kennzeichnend in bezug auf das Beharren in der Gnade. Sowohl in der natürlichen wie in der geistlichen Welt gilt der gleiche Grundsatz. Ein Sohn mag gegen seinen Vater kämpfen und rebellieren; aber so respektlos und pflichtvergessen sein Verhalten auch sein mag, nie wird er dadurch weniger als ein Sohn sein.

1. Johannes 5, 18

> *Wir wissen, daß der nicht sündigt, der aus Gott geboren ist, sondern der aus Gott geboren ist, den bewahrt Gott, und der Böse wird ihn nicht antasten.*

Nicht der Gläubige bewahrt sich selbst, sondern der Herr bewahrt ihn. Nur indem er ihn hält, kann der Gläubige hoffen, Gottes Gebote zu halten (3, 24; 5, 3).

Philipper 1, 6

> *Ich habe die feste Zuversicht, daß der, der in euch das gute Werk angefangen hat, es auch vollenden wird bis zum Tag Christi Jesu.*

In Verbindung mit unserer früheren Diskussion über die Bedeutung des biblischen Begriffes vom Beharren in der Gnade ist es hilfreich, den Textzusammenhang dieser Stelle zu beachten. Der vorangehende Vers spricht vom *menschlichen Beharren* (»mit dem Evangelium verbunden«). Dieser Vers (V. 6) spricht von der *göttlichen Bewahrung* – »der, der in euch das gute Werk angefangen hat, wird es auch vollenden bis zum Tag Christi Jesu«. Eine Diskussion über diesen Gegenstand, die nicht alle beide dieser Elemente voll anerkennt, ist unbiblisch.

Paulus lehrt uns, daß unser Festhalten gänzlich abhängig ist von Gottes festhaltender Gnade! »Also, meine Lieben, wie ihr immer gehorsam gewesen seid, so seid es nicht nur in meiner Gegenwart, sondern noch viel mehr jetzt in meiner Abwesenheit, und müht euch um euer Heil mit Furcht und Zittern. Denn Gott ist's, der in euch das Wollen wie das Vollbringen wirkt zu seinem Wohlgefallen« (2, 12f.).

1. Petrus 5, 10

*Der Gott aller Gnade, der euch zu seiner ewigen Herrlichkeit in Christus Jesus berufen hat, der wird euch, die ihr eine kurze Zeit leiden müßt, aufrichten, stärken, kräftigen und auf einen festen Grund stellen.*

Vier wichtige Wahrheiten kommen in diesem Text zum Ausdruck. 1. Unsere göttliche Berufung ist *in* Christus. 2. Diese Berufung ist von dem Gott *der* Gnade – wörtlich: »aller Gnade«.

3. Diese Berufung ist *zu* seiner ewigen Herrlichkeit, und zu diesem Zweck wird Christus uns »aufrichten, stärken, kräftigen und auf einen festen Grund stellen«. Man kann darauf zählen, daß Gott sein Rettungswerk vollendet.

4. Diese Berufung wird Erfüllung finden, *nachdem* die Gläubigen eine kurze Zeit gelitten haben.

## *Grundsätzliche Probleme*

### Biblische Warnungen

Wenn wir jene vielen Bibelstellen, die vor Abfall warnen, ernst nehmen sollen, müssen wir dann nicht die Möglichkeit eines tatsächlichen Abfalls vom Glauben anerkennen?

Die gegen die Lehre vom Beharren in der Gnade sind, machen uns auf die vielen »Wenn« in der Bibel aufmerksam. Hier sind ein paar von ihnen:

»Wenn ihr meine Gebote haltet, dann bleibt ihr in meiner Liebe« (Joh. 15, 10).

»Ihr seid meine Freunde, wenn ihr tut, was ich euch gebiete« (Joh. 15, 14).

»Wenn ihr nur bleibet im Glauben . . .« (Kol. 1, 23).

»Denn wir haben an Christus Anteil bekommen, wenn wir wirklich die Zuversicht vom Anfang bis zum Ende fest bewahren« (Hebr. 3, 14).

Zusätzlich zu diesen Bedingungs-Stellen haben wir eine Anzahl, die ausdrücklich vor dem Abfall als einer echten Gefahr warnen und die auf die Realität ernster Fehltritte hinweisen. Warnungen vor dem Abfall finden sich besonders häufig im Hebräerbrief (3, 12f.; 12, 25 usw.). Zu den tatsächlichen Fällen von Abfall gehören David, Salomon, Hymenäus, Alexander, Philetus und Demas. Paulus spricht in seinen Briefen an Timotheus von »einigen«, die »am Glauben Schiffbruch erlitten« haben (1. Tim. 1, 19) oder »von der Wahrheit abgeirrt sind« (2. Tim. 2, 18). Diese und andere Stellen, wie Hebräer 6, 4–8 und 2. Petrus 2, 1 scheinen so gewichtig, daß behauptet werden könnte, die Lehre von dem Beharren in der Gnade sei dazu verurteilt, an ihnen Schiffbruch zu erleiden.

Im Versuch, auf dieses Argument zu antworten, muß darauf hingewiesen werden, daß die vielen Stellen, die von Bedingtheit und Abfall (befürchtet und tatsächlich) reden, nicht die ganze biblische Darstellung der Beziehung zwischen Gottes Gnade und Glaube erschöpfen. Wir müssen diese Aussagen zum *gesamten* Kontext der Bibel in Beziehung setzen. Berkouver stellt fest: »Die Gegner der Lehre vom Beharren in der Gnade kennen diese Stellen natürlich; aber sie betonen immer, daß das »Wenn«, die Bedingung, immer im Text gesehen werden muß, auch wenn es nicht jedesmal dasteht. Des weiteren müssen solche »unbedingten« Texte, so sagen sie, im gesamten Bedingungskontext der Heiligen Schrift verstanden werden.«[9] Man kann nicht umhin, an dieser Stelle zu fragen, auf welcher Grundlage denn gefolgert werden muß, daß unbedingte Stellen unter dem Bedingungs-Gesichtspunkt zu interpretieren sind und nicht umgekehrt. Der Verdacht erhebt sich, daß eher dogmatische anstatt streng exegetische Erwägungen den Ausschlag geben.

Berkouver fährt fort:

> *Es ist jedoch offensichtlich, daß die Zweckmäßigkeit die Gegner des Beharrens in der Gnade zu einem Standpunkt gezwungen hat, welcher der Souveränität der Gnade beträchtlichen Schaden zugefügt hat. Wenn eines sicher ist, dann dieses, daß nach der Bibel Gottes Gnade nicht plötzlich an den Grenzen der menschlichen Entscheidungsfreiheit aufhört. Wer das anders sieht, der ist gezwungen, Glaube und Gnade als zwei sich einander ausschließende und beschränkende Elemente des Heils zu sehen, und er ist gezwungen, mit einer Gnadenlehre aufzuwarten, die im Prinzip synergistisch ist.*[10]

Wenn wir die biblische Beziehung des Glaubens zur Gnade richtig verstehen, dann wird uns klar, daß unser Beharren nicht ein von Gottes Bewahrung unabhängiger Faktor sein kann. Gottes Gnade garantiert unser Beharren, aber dadurch ist es nicht weniger auch *unser* Beharren. Es ist bemerkenswert, daß, wenn Judas uns ermahnt, uns in der Liebe Gottes zu erhalten (V. 21), er mit einer Lobpreisung auf den schließt, der uns vor dem Straucheln behüten und uns untadelig vor seine Herrlichkeit stellen kann (V. 24). Die Warnungsstellen sind *Mittel,* deren Gott sich in unserem Leben bedient, um seine Gnadenabsichten durchzuführen. »Die Weisheit und Stärke der Lehre vom Beharren in der Gnade muß genau in der Tatsache gesucht werden, daß in ihr Ermahnung enthalten ist und daß gleichzeitig das Beharren in der Gnade durch den Glauben als ein Geschenk dargestellt wird.«[11]

Eine der schwierigsten Stellen in bezug auf das Beharren in der Gnade ist Hebräer 6. Drei Hauptansichten sollen Erwähnung finden.

1. Die Gerettet-verloren-Theorie behauptet, daß ein wahrer Gläubiger durch bewußten Abfall verlorengehen kann.[12] Es sollte jedoch sorgfältig beachtet werden, daß diese Stelle auf die Unmöglichkeit der Buße im Anschluß an einen solchen Abfall hinweist. (Andere Stellen, die diese Theorie zu stützen scheinen, sind Matth. 24, 13; Mark. 3, 29; Luk. 9, 62; Hebr. 10, 26; 1. Joh. 5, 16.)

2. Die *hypothetische Theorie* besagt, der Verfasser hätte sich mit Annahmen und nicht mit Tatsachen befaßt, um falsche Vorstellungen zu korrigieren.[13] Obwohl viel zur Stützung dieser Ansicht gesagt werden könnte, scheint sie jedoch die Bedeutung der Warnung unangemessen herabzusetzen.

3. Die *Nicht-gläubig-Theorie* vertritt die Auffassung, daß hier kein Hinweis auf Heilsglaube in den Herzen der beschriebenen Personen enthalten ist.[14] Die erwähnten Erfahrungen beschrieben, wie nahe man dem Eindruck eines Gläubigseins kommen könne, ohne wirklich bekehrt zu sein. Die Argumente für diese Auffassung in bezug auf den Wortlaut des Textes sind die folgenden:

a) »Sie wurden erleuchtet« (V. 4a). Die hier Beschriebenen sind klar mit dem Licht des Evangeliums konfrontiert worden. Es zu verwerfen bedeutete, daß das Leben nie mehr dasselbe sein würde. Möglicherweise bezieht sich das mit »erleuchtet« übersetzte Verb auf die Taufe.[15]

b) »Sie hatten die himmlische Gabe geschmeckt« (V. 4b). Nicht nur sind sie mit dem Licht des Evangeliums konfrontiert worden; sie haben auch bis zu einem gewissen Grade die Offenbarung der Gnade Gottes verstanden und Gefallen daran gefunden. Wenn Erleuchtung auf die Taufe hinweist, so könnte vielleicht das Schmecken (Erfahren) der himmlischen Gabe auf das Abendmahl hindeuten. Offenbar ist es möglich, daß Menschen, die beides empfangen haben, abfallen können.

c) »Sie haben Anteil am Heiligen Geist empfangen« (V. 4c). »Anteil am Heiligen Geist empfangen« heißt, Teilhaber an dessen Gaben und Wirkungen zu sein. Gemeint ist hier, daß die Beschriebenen nicht nur die Taufe und das Abendmahl empfangen hatten, sondern daß ihnen auch die Handauflegung zuteil geworden war.

> *Die Frühgeschichte der Apostel enthält den Bericht über eine erwähnenswerte Person, die, als sie das Evangelium gehört hatte, getauft wurde, sich dem Evangelisten, dessen Predigt ihn überzeugt hatte, anschloß und vermutlich den Geist empfing, als ihr apostolische Hände aufgelegt wurden – und doch sagte Petrus von Simon dem Zauberer, er sei immer noch »voll bitterer Galle und verstrickt in Unrecht« (Apg. 9, 9ff.), und tatsächlich erwies dieser sich während der folgenden Jahrzehnte als der entschlossenste Gegner apostolischer Christenheit. Wenn wir fragen, in welchem Sinne ein solcher Mensch Anteil am Heiligen Geist haben konnte, dann könnten die hier folgenden Worte den Weg zu einer Antwort weisen.*[16]

d) »Sie hatten das gute Wort Gottes und die Kräfte der zukünftigen Welt geschmeckt« (V. 5). Die hier Beschriebenen hatten Anteil bekommen an den Gaben oder Wirkungen des Geistes in Verbindung mit der Verkündigung des Evangeliums und der wundersamen Gaben, durch welche die Frühzeit des Christentums charakterisiert war. »Simon der Zauberer erkannte, wie gut das Wort Gottes war, als er es aus dem Munde von Philippus hörte, und er war erstaunt über die Zeichen und großen ›Taten‹, welche die Verkündigung und Aufnahme des Evangeliums begleiteten.«[17] Sogar unbekehrte Menschen erlebten eine solche Wundermacht (Matth. 7, 22f.).

»Die hier beschriebenen Menschen waren also Leute, die nicht nur Anteil bekommen hatten an dem, was man als allgemeine Wirkungen des Heiligen Geistes bezeichnet hat, sondern auch an seinen wunderbaren Gaben, Leute, die nicht nur die Wirkung dieser Gaben gesehen, sondern selber Anteil daran bekommen hatten.«[18]

Dieser Abschnitt scheint uns also lehren zu wollen, daß Gott allen, die echte Buße tun, vergeben will, aber daß sowohl die Heilige Schrift wie auch die Erfahrung darauf hinweisen, daß es tragischerweise bei einem Gläubigen möglich ist, in einen solchen Herzens- und Lebenszustand zu geraten, wo er nicht mehr Buße tun kann.

## Gebet und Beharrlichkeit

*Die Gebete der Gläubigen.* Es liegt eine Macht im Gebet; es löst eine Antwort aus (siehe Jak. 5, 16). Jakobus weist auf Elia hin als ein Beispiel für diese Macht. Die Macht ruht jedoch in Gottes Erbarmen. »Das Gebet kann nur dann Feuer und Macht haben, wenn es ernstlich an *ihn* gerichtet ist und in grenzenlosem Vertrauen *alles* von ihm erwartet.«[19] Aufgrund der Macht und Wirksamkeit des Gebetes ist es nicht überraschend, daß auch starker Nachdruck auf *Beharrlichkeit* und *Stetigkeit* im Gebet gelegt wird (1. Thess. 5, 17; vgl. Kol. 4, 2). Was immer Paulus mit seiner Anweisung meint, »ohne Aufhören zu beten«, es stand nicht im Widerspruch zu ununterbrochener Arbeit (1. Kor. 15, 10). Jedenfalls hat der Apostel nicht eine Gebetsschwärmerei propagiert, die die Ausübung einer normalen Lebensführung unterdrückt. In seinen Thessalonicherbriefen warnt er besonders davor. (Siehe auch Eph. 6, 18; 1, 8; Röm. 12, 12; Kol. 1, 9; 2. Tim. 1, 3.)

Wahres Gebet geschieht im *Glauben* (Jak. 5, 15); es erwartet nichts von sich selbst, aber alles von Gott. Darin liegt seine Bedeutung für die Beharrlichkeit. »Beständigkeit im Leben ist nicht in einer deterministischen Weise abzuleiten, sie muß in der lebendigen Beziehung zwischen Gebet und Glaube gesehen werden.«[20] Beharrlichkeit ist eng mit dem Gebet verknüpft und ohne dieses undenkbar. Wir halten nur durch Glaube und

Gebet durch. Das Gebet ist eines der von Gott bestimmten Mittel, um die Gläubigen zur ewigen Herrlichkeit zu bringen (1. Tim. 2, 1f.; Eph. 3, 14–21; 2. Thess. 3, 1).

*Die Fürbitte Christi.* Wenn wir von Beharrlichkeit reden, können wir dies nur, wenn wir die Tatsache der hohepriesterlichen Fürbitte Christi berücksichtigen. Paulus spricht kurz, aber bezeichnend davon in seiner Lobpreisung in Römer 8, 31–35. Zu beachten ist besonders Vers 34: »Wer will verdammen? Christus ist hier, der gestorben ist, ja viel mehr, der auch auferweckt ist, der zur Rechten Gottes ist und für uns eintritt.« – »Alle gegenwärtigen und zukünftigen Leiden, alle Drohungen und Gefahren sind zusammengefaßt, aber sie fallen weg – oder vielmehr – werden überdeckt von der einen großen Liebe.«[21] Es besteht deutlich ein direkter Zusammenhang zwischen der Fürbitte Christi und der Unmöglichkeit, daß uns irgend etwas von der Liebe Christi trennt.

Eine andere wichtige Stelle in bezug auf die Fürbitte Christi für uns ist Hebräer 7, 25: »Daher kann er auch die für immer retten, die durch ihn zu Gott kommen; denn er lebt für immer und bittet für sie.« Unser großer Hoherpriester garantiert unser Angenommensein bei Gott (vgl. Jes. 53, 12).

> *Die Schlußfolgerung ist unausweichlich die, daß die Fürsprache Christi in ihrem Bereich all das bringt, was für das Heil und seine höchste Vollendung nötig ist. Das heißt, daß die Fürbitte die ganze Spannweite dessen umfaßt, was im Blick auf das eschatologische Heil erforderlich und verwirklicht ist. Die Fürbitte Christi ist ins Mittel getreten, um jedes Bedürfnis des Gläubigen zu stillen. Keine von uns empfangene Gnade, Segnung oder Wohltat kann aus dem Fürbittebereich herausgelöst werden. Die Fürbitte ist die Garantie, daß jedes Bedürfnis durch ihre Wirksamkeit gestillt wird. Die Heilssicherheit ist mit seiner Fürbitte eng verknüpft, und außerhalb seiner Fürbitte gibt es kein Heil.*[22]

Eine sorgfältige Untersuchung von Johannes 17 wird uns besser verstehen helfen, was damit gemeint ist, wenn Jesus in dem Hebräerabschnitt als der beschrieben wird, der für diejenigen Fürbitte tut, die durch ihn zu Gott kommen. Drei zusätzliche Gedanken sind zu beachten.

1. Die Fürbitte Jesu ist immer wirksam; sie erfüllt immer ihren beabsichtigten Zweck (Joh. 11, 42).

2. Seine Fürbitte schließt solche ein, die noch ungläubig sind, sich aber unter den Auserwählten befinden (Joh. 17, 20f.). In Johannes 17, 1–5 bezieht sich sein Gebet besonders auf sich selbst, in den Versen 6–20 auf seine Jünger und in den Versen 21–26 auf die ganze Gemeinde. In Vers 20 wird eine genaue Unterscheidung vorgenommen zwischen den Elfen einerseits und andererseits denen, die durch ihr Wort zum echten Glauben an Christus geführt *werden.* Etliche waren schon in die Herde ge-

bracht worden, aber durch den ganzen Lauf des neuen Zeitalters hindurch würden sich durch ihr Wort und durch das Wort derer, die ihnen folgten, Menschen zum Glauben kommen. »Die Augen Jesu durchlaufen die Jahrhunderte, und er drückt *alle* seine wahren Nachfolger an sein Herz, *als wären sie alle in diesem selben Augenblick errettet worden.*«[23]

3. Seine Fürbitte ist Teil eines totalen hohepriesterlichen Werkes, das auch Sühnung einschließt. Die Fürbitte basiert auf der Versöhnung (Röm. 8, 34; Hebr. 7, 25–27). Ihre Zielsetzung ist die gleiche.

Zum Schluß, als klares Beispiel für die Bedeutung des Fürbittendienstes Christi im Blick auf unsere Beharrlichkeit, betrachten wir die Erfahrung von Petrus in jenen letzten Tagen des irdischen Lebens Jesu. Petrus hatte eine falsche Vorstellung von Beharrlichkeit. Er baute in bezug auf seine Beständigkeit auf sich selbst. Er sieht Christus den Leidensweg gehen und versetzt Christi Leben in das Licht seines eigenen Glaubens und seiner eigenen Liebe. Wie schwierig der Weg auch sein mochte, er will Christus wissen lassen, daß er mit seiner Unterstützung rechnen kann. Petrus will seinen Meister in der Stunde erschreckender Einsamkeit trösten; Christus kann darauf zählen, daß Petrus ihn nie im Stich lassen wird. Hier ist ein Selbstvertrauen, das wahrem Vertrauen diametral entgegengesetzt ist.

In scharfem Kontrast zu dieser Art von »Beharrlichkeit« steht die Fürbitte Christi.

> *Wir sehen das Bild des betenden Christus vom Teufel mit seinem Sieb. Durch seine Fürbitte wird eine ganz andere Art von Beständigkeit sichtbar: »Ich habe für dich gebetet, daß dein Glaube nicht aufhöre!« Es ist Christus selbst, der Petrus wieder zu sich brachte, als er sich umwandte und ihn nach dem Hahnenschrei anblickte (Luk. 22, 61). Der Fall von Petrus war kläglich. Er, der das Christusbekenntnis in Caesarea Philippi ausgesprochen hatte, war derjenige, der Christus in der dunkelsten Stunde seines Lebens im Stich ließ. Er leistete seinen Beitrag an die totale Verlassenheit des Schmerzenmannes. In der Tat, es war nicht der Glaube, die Liebe und die Treue des Petrus, die ihn bewahrten. Sein Leben wurde durch die Fürbitte Christi gerettet, als er seine Aufmerksamkeit auf sein eigenes Leben allein gerichtet hatte, als all seine Vorsätze durch die Verleugnung dahin waren, und als es offenbar wurde, daß, nachdem Satan ihn gesichtet hatte, nur Spreu von seinem Leben übriggeblieben war.*[24]

*Die Fürbitte des Heiligen Geistes.* In bezug auf die Verbindung zwischen der Fürbitte des Geistes und der Beharrlichkeit wenden wir uns nochmals dem gleichen Kapitel im Römerbrief zu, wo Paulus von der Fürbitte Christi redet. »Der aber die Herzen erforscht, der weiß, was der Geist will; denn er tritt für die Heiligen ein, wie es Gott gefällt« (Röm. 8, 27). Mit dieser Feststellung belehrt uns der Apostel, daß der Geist das kompensiert, was in unseren Gebeten fehlt. Wir erhalten hier Einblick in bezug auf die Beziehung zwischen Beharrlichkeit, der Schwachheit des Gläubigen und dem Beistand des Heiligen Geistes. Wir sind nicht uns selbst überlassen im Gebet; in unseren Schwachheiten nimmt sich der Heilige Geist unserer Sache vor dem Vater an mit unaussprechlichem Seufzen.

Übrigens ist das in diesem Text erwähnte Beten wahrscheinlich nicht dasselbe wie das Wirken des Geistes durch die Gebete der Heiligen, sondern eher ein Beten des Geistes selbst. Da unsere Gebete auch im besten Fall furchtbar schwach sind, bringt das Eintreten des Heiligen Geistes einen großen Trost. Ausharren in Hoffnung und endlicher Sieg (Röm. 8, 23–26) sind nur möglich, weil die Gebete des Geistes unsere Schwachheiten übersteigen. Wenn wir den Gefahren, Versuchungen und Prüfungen des Lebens gegenüberstehen, so müssen wir – wie Petrus – erkennen, daß wir bewahrt werden durch die machtvolle Fürbitte Christi und seines Geistes und daß letzten Endes aus diesem Grunde allein unser Glaube nicht aufgehört hat.

# 7 Der Höhepunkt des Heils

Verherrlichung ist der letzte sich steigernde Akt in Gottes Erlösungswerk (Röm. 8, 30). »Verherrlichung ist ein Ereignis, das bei der Verwirklichung des Erlösungsplanes Gottes das ganze Volk Gottes zusammen und zum gleichen Zeitpunkt betrifft. Es wird dem Plan und der Gnade, die in Christus Jesus vor ewigen Zeiten gegeben wurden, endgültige Verwirklichung bringen (siehe 2. Tim. 1, 9).«[1] Gott hat sich vorgesetzt, sein Heil mit Herrlichkeit zu krönen. »Das vollendete Schöpfungswerk war gut, aber das vollendete Erlösungswerk soll herrlich sein!«[2]

## *Grundlage der Verherrlichung*

Wie bei allen vorangehenden Werken ist Christus das sichere Fundament. »Denn einen andern Grund kann niemand legen als den, der gelegt ist; das ist Jesus Christus« (1. Kor. 3, 11).

Unsere zukünftige Verherrlichung ist in Christi Tod, Auferstehung und Fürbitte verankert.

1. Christi Tod – die einzige, echte Lösung der durch die Sünde des Menschen verursachten Probleme. Sein Tod hat die Gerechtigkeit Gottes erwiesen (Röm. 3, 25), Versöhnung bewirkt (2. Kor. 5, 18–21), Reinigung von Sünden vollbracht (Hebr. 1, 3) und Erlösung erlangt (Eph. 1, 7).

2. Christi Auferstehung – die Bestätigung von Gottes vollem Ja zum Werk seines Sohnes.

3. Christi Fürbitte – die Bewahrung des Volkes Gottes, vom Augenblick seiner Berufung an bis zu seiner Verherrlichung (Hebr. 9, 28; siehe auch Kap. 6 in diesem Buch).

## *Zuversicht der Verherrlichung*

Während sich die Sicherheit unserer Verherrlichung auf das objektive Werk Christi in der Geschichte gründet, beruht unsere Zuversicht auf gewissen Faktoren, die sich aus der Anwendung des Erlösungswerkes Christi auf die Gläubigen ergeben.

1. Unser Heil wird eine *Verheißung* genannt (Tit. 1, 2; 1. Joh. 2, 25). Der Verheißungsbegriff ist nach vorn auf eine zukünftige Erfüllung gerichtet (Eph. 1, 13; Hebr. 11, 13. 39; Jak. 2, 5; 2. Petr. 1, 4).

2. Christus ist die *Erstlingsfrucht* unseres Heils (1. Kor. 15, 20. 23); so

auch der Heilige Geist (Röm. 8, 23). Erstlingsfrüchte sind erst der Anfang dessen, was schließlich zu einer großen Ernte werden wird.

3. Der Heilige Geist ist das *Unterpfand* unseres Heils, unser Erbe (2. Kor. 1, 22; 5, 5; Eph. 1, 14). Ein Unterpfand ist eine Anzahlung, eine erste Rate, eine Zusage oder eine Garantie für die noch zu erwartende volle Auszahlung und den totalen Besitz.

4. Unser Heil ist *versiegelt* (2. Kor. 1, 22; Eph. 1, 13; 4, 30). Das Siegel bezeichnet Eigentumsrecht, Qualität, Sicherheit. Prägen wir es uns nochmals gut ein, daß es der Geist selbst ist, der uns versiegelt auf den kommenden Tag der Erlösung.

5. Unser Heil ist auch ein *Erbe* genannt (Eph. 1, 14. 18; 5, 5; Kol. 3, 24; Hebr. 9, 15; 1. Petr. 1, 3–4). Das ist eindeutig etwas, das in der Zukunft liegt und zu bestimmter Zeit ausgeteilt wird.

Diese fünf biblischen Ausdrücke beschreiben den eschatologischen Charakter unseres Heils. Unser gegenwärtiger Erlösungsstand ist nur ein Anfang dessen, was im zukünftigen Zeitalter vollendet wird. Unsere Verherrlichung wird bei der Wiederkunft Christi geschehen.

Ramm bemerkt richtig:

> *Die individuellen Akte unseres Jetzt-Heils haben eschatologischen Charakter. Die Rechtfertigung ist eschatologisch, indem sie die völlige Rechtfertigung des Gläubigen in der Endzeit vorwegnimmt (Röm. 5, 9f.). Die Wiedergeburt ist eschatologisch, indem sie die Zeit vorwegnimmt, wo alles neu sein wird . . . Die Heiligung ist eschatologisch, indem sie vorwärts blickt auf die Vollendung aller Dinge. Das, was die eschatologische Verwirklichung und Vollendung unserer Rechtfertigung, unserer Wiedergeburt und unserer Heiligung ausmacht, ist unsere endzeitliche Verherrlichung.*[3]

### *Das Wesen der Verherrlichung*

Verherrlichung beinhaltet die Vollendung der *Seele.*

Während das Neue Testament unsere Verherrlichung als eine völlige juristische Entlastung darstellt, wird sie auch (und vielleicht noch häufiger) als eine sittliche Vollendung gesehen. Beachten wir einige der verwendeten besonderen Ausdrücke.

*Amonos.* Dieses Wort wurde in der Septuaginta gebraucht, um das Fehlen von Makeln bei Opfertieren zu bezeichnen (4. Mose 6, 14; 19, 2 etc.). Im sittlichen oder religiösen Sinne bedeutet es untadelig. In Epheser 5, 27 weist Paulus darauf hin, daß die Gemeinde, wenn sie von Gott verherrlicht werden wird, ohne Flecken oder Runzeln sein wird: ». . . um sie als seine Gemeinde vor sich zu stellen in herrlichem Schmuck, ohne Flecken oder Runzel oder etwas dergleichen, vielmehr heilig und untadelig« (siehe auch Eph. 1, 4; Kol. 1, 22; Jud. 24). Die Verherrlichung fällt mit der endgültigen Heiligung zusammen.

*Hagios.* Dieser Ausdruck bedeutet heilig, sittlich vollkommen. »Euch ... hat er nun dadurch versöhnt, daß er seinen irdischen Leib in den Tod gab, um euch heilig und ohne Makel und Tadel vor sein Angesicht zu stellen« (Kol. 1, 22). Kein unheiliger Mensch darf den Himmel betreten; nur der Heilige kann Gott ertragen und mit ihm in Ewigkeit zusammensein. Unsere Verherrlichung beinhaltet also unser Heiliggemachtwerden in Christus bis zu dem Grade, daß wir der Heiligkeit Gottes vollkommen genügen.

*Aproskopos.* Dieser Ausdruck bezeichnet das Fehlen von Anstößigkeit; es ist kein Stein des Anstoßes mehr da. Paulus betet, daß die Philipper prüfen können, »worauf es ankommt, damit ihr lauter und unanstößig seid für den Tag Christi« (Phil. 1, 10). Der Gedanke ist: »Sein Bestimmungsziel erreichen, ohne an irgendein Hindernis auf der Straße angestoßen zu haben (d. h. nicht verletzt worden zu sein), also sittlich *unversehrt, keines Tadels wert, untadelig.*«[4]

*Eilikrinēs.* Das Bild hinter diesem Wort ist, zusammen mit *aproskopos* (Phil. 1, 10; siehe oben), das von etwas, das durch die Sonne geprüft wird, meint also: rein, unvermischt, ohne Fleck, einwandfrei – »damit ihr lauter seid.« – »Am Tage Christi werden die Gläubigen durch das Sonnenlicht geprüft und untadelig erfunden werden. Ihre Verherrlichung wird ihnen eine fleckenlose Reinheit verleihen, die vor den Augen dessen bestehen kann, dessen Augen wie Feuerflammen sind (vgl. Offb. 1, 4; 2, 18; 19, 12).«[5]

*Anegkletos.* Dieses Wort bedeutet tadellos, frei von einer belastenden Anklage. Paulus verwendet den Ausdruck in 1. Korinther 1, 8 in bezug auf den letzten Tag: »Der wird euch auch erhalten bis ans Ende, daß ihr untadelig seid am Ende des Herrn Jesus Christus.« An jenem Tage werden die Gläubigen vollkommen frei von allen sittlichen Beanstandungen vor Gott stehen.

*Amemptos.* Dieser Ausdruck bedeutet schuldlos, fehlerlos. In 1. Thessalonicher 3, 13 und 5, 23 besitzt das Wort eschatologische Bedeutung. Nach der ersten Stelle sollen unsere Herzen gestärkt werden, damit sie untadelig seien in Heiligkeit vor Gott bei der Wiederkunft Christi. In der zweiten Stelle weist der Apostel darauf hin, daß der gegenwärtige Heiligungsprozeß seinen Höhepunkt in unserer ganzen Persönlichkeit finden wird – Geist, Seele und Leib werden beim Kommen unseres Herrn untadelig sein.

*Spilos* und *rhutis.* In Epheser 5, 25–27 zeigt Paulus uns, daß die Gemeinde (gesamthaft gesehen) in der Endzeit frei sein wird von allen sittlichen Flecken und Runzeln.

Verherrlichung bedeutet auch volle Teilhaberschaft am ewigen Leben. Wichtig ist hier das Wort »volle« Teilhaberschaft. Gottes Gnade in Christus bringt dem Gläubigen schon jetzt ewiges Leben (Joh. 5, 24), aber die *Fülle* dieses Lebens steht noch aus (V. 25–28).

Ewiges Leben umfaßt zwei Gedanken: eine neue Lebensqualität und ein unaufhörliches Leben. Wenn der Sünder durch Christus in die richtige Beziehung zu Gott versetzt wird, tritt er in ein neues Leben ein, ein Leben in Harmonie mit dem Leben Gottes selbst. Diese Art von Leben übertrifft das frühere Leben unendlich weit, es ist in der Tat ein überfließendes Leben. Verherrlichung bedeutet die volle Verleihung des ewigen Lebens an die Gläubigen, eine vollkommene Beziehung zu Gott, die von überragender Qualität und von endloser Dauer ist. Verherrlichung schließt auch die volle Verwirklichung der Freiheit ein. Das kann unter drei Aspekten gesehen werden: Freiheit von Sünde, vom Gesetz und vom Tod.

Freiheit von Sünde (Joh. 8, 33–36; Röm. 6–8; Gal. 5, 1. 13) ist jetzt partiell, wird aber vollständig sein beim Kommen Christi. Wir besitzen noch die gefallene Natur; dann wird sie völlig abgetan sein. Zu jener Zeit werden wir die Freiheit haben, nur das Gute zu tun.

Der Gläubige ist frei vom Gesetz sowohl in bezug auf die Rechtfertigung wie auf die Heiligung. Diese Begriffe werden von Paulus im Römer- und im Galaterbrief klar beschrieben.

Es scheint jedoch vernünftig zu sein, anzunehmen, daß, während das Sittengesetz Gottes gegenwärtig Richtlinien für das Verhalten von Gläubigen enthält, im zukünftigen Zeitalter die Notwendigkeit für ein solches Gesetz nicht länger existieren wird – die Heiligen werden verherrlicht worden sein (Matth. 5, 17f.). Das Gesetz ist der Mittler des göttlichen Willens für gefallene Geschöpfe.

Der Tod ist der Lohn der Sünde; obwohl der Gläubige von der Erfahrung des Sterbens nicht ausgenommen ist, ist er von seinem Stachel befreit (1. Kor. 15, 56). Wegen des Todes und der Auferstehung Christi braucht sich der Gläubige vor diesem Schreckensfürsten nicht zu fürchten (Hebr. 2, 14–18).

So sehen wir, daß die völlige Verwirklichung unserer Freiheit in Christus bei unserer Verherrlichung erlebt wird (Röm. 8, 18–25; 2. Kor. 4, 16–18). Dann werden wir sein, was wir wirklich sind. In diesem Leben streben wir danach, unserm Herrn ähnlich zu werden; dann werden unsere Herzen vollkommen nach seinem Bilde geformt (Röm. 8, 28f.). »Verherrlichung . . . ist die vollkommene Verwandlung unseres Menschseins in das Bild der vollkommenen Menschennatur Jesu Christi.«[6]

Verherrlichung umfaßt auch die Vollendung unseres *Leibes*. Das Konzept der Verherrlichung betrifft den totalen Menschen – Seele und/oder Geist zusammen mit dem Leib.

Die Bibel schreibt dem menschlichen Leib eine reale Würde zu. 1. Beachten wir, daß der *ganze* Mensch zum Bilde Gottes bestimmt ist (1. Mose 1, 26–30; 2, 4–8. 15–18). 2. Der Schöpfungsbericht zeigt uns, daß der

Mensch nicht eine Seele ist, die bloß einen Leib bewohnt, sondern vielmehr ein beseelter Leib (2, 7). Der Mensch ist eine seelisch-leibliche Einheit. 3. Der Mensch mit seinem Leibe ist miteingeschlossen im göttlichen Urteil, daß alles gut ist (1. Mose 1, 31). 4. Der Brennpunkt des göttlichen Gerichtes ist der Tod. Obwohl das Abscheiden des Leibes den biblischen Todesbegriff nicht erschöpft, gehört es jedoch wesentlich dazu. Physischer Tod ist das äußere Zeichen für den geistlichen Tod.

Christi Auferstehung ist die Garantie für die unsrige. 1. Christus stand in einem materiellen Leib von den Toten auf (Matth. 28, 9; Luk. 24, 39. 43. 50; Joh. 20, 17. 22. 27). 2. Sein Leib gehörte dem neuen Zeitalter an, er war herrlich und ist das Muster, nach welchem unser Leib gestaltet werden wird (Phil. 3, 20f.; vgl. 2. Kor. 5, 1–5).

Das in Philipper 3, 21 mit »nichtig« übersetzte Wort bedeutet »niedrig«. Obwohl viele griechische Heiden den Leib als Gefängnis der Seele betrachteten, sieht Paulus den Leib als ideal geformt für die Behausung des Heiligen Geistes (1. Kor. 6, 19). Um sicher zu sein: Gegenwärtig ist er, wegen des Einflusses der Sünde, »der Leib unserer Erniedrigung«. In diesem Zustand ist er dem Fluch der Sünde unterworfen – Schwachheit, Leiden, Krankheit und Tod. Aber bei Christi Wiederkunft wird er gemäß dem herrlichen Leibe unseres Herrn umgestaltet werden (1. Joh. 3, 2). Das Wesen dieser großen Verwandlung wird in einigen Einzelheiten (1. Kor. 15) genannt.

# Anhang A

## *Ordo salutis*

Der *ordo salutis* (Heilsweg) betrifft jenen Prozeß, durch den das in Christus vollbrachte Heilswerk subjektiv in den Menschenherzen verwirklicht wird. Er betrifft die Zueignung des objektiven Werkes Christi an den Gläubigen. Er sieht die Tatsache der Zueignung im Sinne einer logischen Ordnung und nicht im Sinne einer zeitlichen Reihenfolge. Der Nachdruck liegt nicht darauf, was der Mensch tut, um sich die Gnade Gottes anzueignen, sondern darauf, was Gott tut, um sie ihm zuzueignen. Berkhof stellt fest:

> *Wenn wir von einem* ordo salutis *sprechen, so vergessen wir nicht, daß der Vollzug der Gnade Gottes am einzelnen Sünder ein einheitlicher Prozeß ist, aber wir betonen lediglich die Tatsache, daß bei diesem Prozeß verschiedene Vorgänge unterschieden werden können, daß das Vollzugswerk der Erlösung in einer bestimmten und vernünftigen Ordnung vor sich geht und daß Gott seine Heilsfülle dem Sünder nicht in einer einzigen Aktion mitteilt.*

## *Drei Hauptansichten*

### Lutherisch

Evangelische Lutheraner sehen den *ordo salutis* als die subjektive Realisierung des göttlichen Erlösungswerkes Christi; sie legen jedoch die Betonung mehr auf das, was auf seiten des Menschen getan wird, als auf seiten Gottes. Im allgemeinen sieht ihre Auslegung des *ordo salutis* wie folgt aus:

*Berufung.* Gott ist in Christus mit der Menschheitswelt versöhnt. Gott verkündet diese Tatsache dem Menschen im Evangelium und bietet ihm an, ihm die Vergebung und den Gerechtigkeitsstand, die historisch in Christus vollbracht sind, zuzueignen. Dieser Ruf zum Heil bringt allen, die das Wort hören, ein gewisses Maß an Heilsgnade, eine Gnade, die den Sünder befähigt, dem Maß entsprechend darauf zu antworten, eine Gnade, der man aber auch widerstreben kann.

*Erleuchtung.* Der Ruf Gottes ist immer begleitet von einem bestimmten Maß an Erleuchtung und Belebung, so daß der Hörende sowohl den Zorn wie auch die Gnade Gottes verstehen kann.

*Bekehrung* (Buße). Wenn der im Evangeliumswort enthaltenen Gnade Gottes nicht widerstanden wird, resultiert sie oft in Buße und Bekehrung.

*Wiedergeburt.* Bekehrung kann zur Wiedergeburt führen, durch welche der Heilige Geist Glaube an das Evangelium schenkt.

*Rechtfertigung.* Die vier vorhergehenden Schritte (Berufung, Erleuchtung, Bekehrung, Wiedergeburt) bilden einen Vorbereitungsprozeß. Ist Glaube vorhanden, folgt die Rechtfertigung sofort. Sie beinhaltet die Sündenvergebung und die Verleihung des ewigen Lebens auf der Grundlage der im Glauben erfaßten Gerechtigkeit Christi.

*Mystische Vereinigung.* Dieser rettende Glaube bringt auch eine mystische Vereinigung mit Christus mit sich.

*Erneuerung.* Hierbei handelt es sich um die Kraft zur Förderung des Heiligungsvorganges. Ein lebendiger Glaube führt notwendigerweise zu guten Werken.

*Bewahrung.* Der bleibende Besitz dieser Segnungen ist bedingt durch anhaltenden Glauben auf seiten des Menschen. Hört er auf zu glauben, so kann er sein Heil verlieren.

### Arminianisch

Im großen und ganzen gestaltet sich der arminianische Beitrag an die Auslegung des *ordo salutis* wie folgt:

*Ruf.* Der von außen an den Menschen ergehende Ruf des Evangeliums wird von einer allgemeinen genügenden Gnade begleitet, der man jedoch widerstehen kann. Das wird die vorlaufende Gnade genannt.[2]

*Buße und Glaube.* Diese zwei bewußten Antworten des Menschen gehen der Wiedergeburt voraus. Obwohl einige Calvinisten (einschließlich Calvin selbst) es ebenso darstellen, tun sie dies in einem letzten Endes anderen Sinn. Nach arminianischer Auffassung ist der menschliche Wille eine der *Ursachen* der Wiedergeburt. Diese Auffassung ist eindeutig synergistisch.

*Heiligung.* Der Gläubige ist in der Heiligung fähig, einen Vollkommenheitsstand zu erreichen in diesem Leben – vollkommene Liebe.

*Beharrlichkeit.* Solange der Gläubige lebt, kann er aus der Gnade fallen und des Heils verlustig gehen.

### Reformiert

Im allgemeinen ist die reformierte Auslegung des *ordo salutis* wie folgt:

*Berufung.* Diese ist allgemein und wirksam.

*Wiedergeburt.* Sie ist die Einpflanzung des Lebensprinzips in das Herz des Auserwählten durch den Geist. (A. Kuyper vertauscht *Berufung* und *Wiedergeburt* miteinander.)

*Bekehrung.* Diese ist Buße und Glaube.

*Rechtfertigung.* Sie ist der grundlegende und deklarative Akt, durch den die Sünder als gerecht betrachtet werden.

*Heiligung.* Diese ist ein fortschreitendes Wachstum in Heiligkeit des Lebens, eine Erneuerung gemäß dem Bilde Christi.

*Beharrlichkeit.* Diese ist die ewige Bewahrung der Heiligen durch die Treue Gottes.

*Verherrlichung.* Diese ist die abschließende Erlösung der Heiligen in der Ganzheit ihres Seins – Leib, Seele und/oder Geist.

### *Eine Erörterung über die Zulässigkeit solcher Schemen*

Die wichtige Frage ist einfach: Bietet die Bibel Informationen, die für die Konstruktion eines einzigen, festgelegten *ordo salutis* ausreichen? In Beantwortung dieser Frage stellt John Murray fest:

> *Gott ist nicht der Urheber von Verwirrung, und darum ist er der Urheber von Ordnung. Es gibt gute und überzeugende Gründe zu glauben, daß die verschiedenen Aktionen des Heilsvollzugs . . . in einer bestimmten Ordnung ablaufen und daß diese Ordnung der göttlichen Anordnung, Weisheit und Gnade entspricht.*[3]

Murray sucht diese These mit Hilfe verschiedener Bibelstellen abzustützen. In Johannes 3 sagte Jesus zu Nikodemus, daß er nicht das Reich Gottes sehen könne, es sei denn, er würde von neuem geboren werden durch Wasser und Geist. Nach dieser Stelle ist klar, daß es eine Reihenfolge gibt, das heißt, die Neugeburt geht dem Eintritt ins Reich Gottes voraus.

In 1. Johannes 3, 9 befaßt sich der Apostel mit der Befreiung von der herrschenden Macht der Sünde. »Keiner, der aus Gott geboren ist, macht aus dem Sündigen eine Praxis, weil das gottgegebene Lebensprinzip in ihm fortlebt, und so kann er nicht in der Sünde leben, weil er aus Gott geboren ist« (Williams). Dieser Text weist darauf hin, daß der Grund für die Befreiung eines Menschen von der Herrschermacht der Sünde darin liegt, daß er aus Gott geboren ist; und der Grund, warum er in seiner Freiheit von der Sündenmacht beharrt, ist die Tatsache, daß der Samen (Natur) Gottes in ihm bleibt. Die Neugeburt geht darum der Freiheit von Sünde voraus (vgl. 1. Joh. 5, 16).

In Johannes 1, 12 kommt Glaube vor der Adoption; in Epheser 1, 13 gehen Hören und Glauben der Versieglung mit dem Geist voraus.

Aus solchen Texten schließt Murray: »Diese Texte beweisen die Tatsache der Ordnung und zeigen, daß es nicht bloße Logik ist, das Vorhandensein einer göttlichen Reihenfolge beim Heilsvollzug zu bejahen.«[4]

Wir müssen jedoch verstehen, daß diese Bibelstellen, obwohl sie eine logische Priorität des Glaubens gegenüber verschiedenen göttlichen Aktionen begründen, keine Reihenfolge darstellen in bezug auf diese verschiedenen Begriffe – Wiedergeburt, Eintritt in das Reich Gottes, Freiheit von Sünde, Sohnschaft, Versieglung und so weiter.

Murray sieht in Römer 8, 28–30 einen ausgesprochenen Hinweis auf eine *ordo salutis*. Die Reihenfolge in dieser Stelle ist Berufung, Rechtfertigung und Verherrlichung. Es gibt so viele Andeutungen einer Reihenfolge in dieser Stelle, daß wir daraus schließen müssen, daß eine logische Ordnung im Sinne einer Reihenfolge beabsichtigt ist. Zu beachten ist folgendes: 1. Vers 28 – Gottes Plan kommt vor seiner Berufung. 2. Vers 29 – zuerst kommt das Vorherwissen, dann die Prädestination. 3. Verse 29 und 30 – wir können Vorherwissen und Verherrlichung nicht umkehren; Vorherwissen ist Ursache und Verherrlichung ist Ziel. 5. Vers 30 – Verherrlichung kann nicht der Berufung und Rechtfertigung vorausgehen.

So argumentiert Murray, daß Römer 8, 30 einen weitgespannten Umriß einer logischen Reihenfolge beim Heilsvollzug enthält.

Aus einer anderen Perspektive beantwortet G. C. Berkouwer unsere Frage, indem er behauptet, es bestehe die Gefahr, daß wir die wirkliche Motivation und Absicht des *ordo salutis,* wie sie in der Zeit der Reformation dargestellt wurden, nicht erkennen. Der reformatorische Nachdruck lag vor allem auf dem objektiven göttlichen Heilsakt und nicht so sehr auf der menschlichen subjektiven Antwort darauf.

Ein übersichtlich systematisiertes Heilsschema ist nicht Selbstzweck. Sein Zweck ist einfach, uns zu helfen, die göttliche Heilsfülle zu würdigen. Ein *ordo salutis* besitzt nur dann Wert, wenn er uns die Heilsbotschaft und -realität besser verstehen hilft. Berkouwer sagt: »Die Wege, auf welchen Gott den Menschen zu seinem Heil führt, sind so verschieden, daß es unmöglich ist, sie alle mit einem festgelegten Schema zu umschreiben.«[5]

Von der biblischen Perspektive aus weist Berkouwer darauf hin, daß Paulus, hätte er in Römer 8 einen vollständigen, festgelegten *ordo salutis* aufstellen wollen, ganz bestimmt nicht die Heiligung auf dieser Liste ausgelassen haben würde. In diesem Abschnitt

> *wollte Paulus offensichtlich das Heil in Christus charakterisieren, das aus den Tiefen des Vaterherzens hervorquillt und mit einem ewigen Segen in die Zeit hineinreicht. Der Kontext läßt annehmen, daß Paulus nicht an eine Reihenfolge dachte. Er redet vom Werk und besonders vom Beten des Heiligen Geistes (Röm. 8, 23. 26–27), von der Hoffnung (Röm. 8, 24f.), von der Liebe zu Gott (Röm. 8, 28) und vom Zusammenwirken aller Dinge zum Besten derer, die Gott lieben (Röm. 8, 28). Ein naiver Biblizismus, der hier eine Reihenfolge erkennt, würde uns in Schwierigkeiten bringen, wenn wir mit 1. Korinther 6, 11 konfrontiert werden, wo Heiligung vor der Rechtfertigung kommt.*[6]

Nach Berkouwers Meinung muß sich ein theologisches Studium des Heilsweges um die Wechselbeziehung zwischen Glaube und Rechtfertigung drehen. Er sagt:

> *Es muß einfach alles wegschneiden, was seinen Blick auf dieses* sola fide *versperrt. Häresie setzt beim* ordo salutis *immer an diesem Punkt an, und darum ist es notwendig zu erkennen, daß der ganze »Heilsweg« nur dazu bestimmt ist, um das* sola fide *und* sola gratia *zu erhellen. Denn nur so kann es bezeugt werden, daß* Christus der Weg ist.[7]

Die Reformation redete einfacher und biblischer, als sie den Heilsweg im Sinne der einfachen Wechselbeziehung zwischen Gnade und Glaube darstellte. In Calvins *Institutio* dreht sich seine Darstellung des *ordo salutis* um einen Punkt – das Heil in Christus.[8] Berkouwer meint:

> *Es wäre unvernünftig, Calvins Methode als unsystematisch zu kritisieren. Obwohl man bei Calvin keinen* ordo salutis, *im Sinne seiner späteren Entwicklung, findet, gibt es dennoch eine Ordnung, vielleicht besser Ordentlichkeit genannt, die durch das Heil in Christus bestimmt ist. Heil in Christus – das ist das Zentrum, von wo aus alle Linien zu jedem Punkt des »Heilsweges« hin gezogen werden. Diese Linien selbst kann man Glaube nennen. Sie verbinden jeden Schritt auf dem Heilsweg zum Heil in Christus miteinander. So gesehen, hält die Beziehung zwischen dem »Heilsweg« und Christi Heil uns davon ab, die objektiven und subjektiven Elemente des Heils einander als eine Dualität gegenüberzustellen. Der Glaubenscharakter löst alle Spannung zwischen Objektivität und Subjektivität. Denn Glaube ist bedeutungsvoll nur in seiner Orientierung auf sein Objekt – die Gnade Gottes. Anstatt unsere Aufmerksamkeit auf den Gläubigen zu lenken, weist uns das* sola fide *von ihm weg auf die Gnade und Gott hin. Wir können das als Prüfstein für jede Betrachtung des* ordo salutis *anwenden: Alle Linien des Glaubenslebens müssen sich im Zentrum, der Gnade Gottes, treffen.*[9]

## Schlußfolgerung

Als Schlußfolgerung ergeben sich die folgenden Punkte aus unserer Studie:

1. Die Bibel versieht uns nicht mit einem festgelegten oder vollständigen *ordo salutis.*
2. Sie scheint die Zulässigkeit der Aufstellung eines solchen aus dogmatischen oder systematischen Gründen einzuräumen.
3. Wir gewinnen in diesem Zusammenhang einigen Einblick für unsere Themenordnung von der Bibel selbst, obwohl wir hier große Vorsicht walten lassen müssen.

# Anhang B

*Römer 7, 14–25*

Eine entscheidende Frage in diesem Abschnitt betrifft das Wesen der Erfahrung von Paulus. Spricht er von sich selbst als im Vorbekehrungszustand oder im Bekehrungszustand? Gibt es vielleicht eine andere Behandlung des ganzen Problems als die, die traditionsmäßig vorgeschlagen wird?

Bei der Prüfung dieses Themas sollten gewisse Dinge beachtet werden.

1. Der mit Vers 14 beginnende Abschnitt weist einen Zeitwechsel der Verben auf. Im vorangehenden Abschnitt (7–13) stehen die Verben vorwiegend in der Vergangenheit (Aorist), von Vers 14 an hingegen in der Gegenwart. Das scheint darauf hinzuweisen, daß Paulus im zweiten Abschnitt von seiner gegenwärtigen Erfahrung schreibt.

2. Dieser letztere Abschnitt spiegelt auch eine andere Situation wieder, als sie im unmittelbar vorangehenden Abschnitt beschrieben wird. In Vers 7–11 beschreibt sich der Apostel als einer, der vom Gesetz geschlagen wurde; in Vers 14–25 spricht er als ein aktiver Kämpfer.

Richard N. Longenecker, der offensichtlich diese zwei Faktoren nicht bemerkt, meint, daß »Römer 7, 7–25 nicht besonders den Vorbekehrungs- noch den Nachbekehrungszustand von Paulus oder der Menschheit wiederspiegelt. Die Stelle ist auch nicht nur der Schrei ›des Menschen unter dem Gesetz‹ oder ›des Gläubigen, der in eine gesetzliche Stellung zu Gott zurückfällt‹. Paulus äußert hier den großen Schrei der Menschheit wegen ihres eigenen Unvermögens. Es ist die Einsicht von Paulus und der Menschheit, daß wir in unserer Geschichte und Erfahrung so sehr durch die Sünde gebunden sind, daß Befreiung und Sieg nur von Gott her kommen können.«[1]

Longenecker ist auch nicht sehr genau, wenn er in bezug auf Vers 25b sagt, daß »der Nachbekehrungszustand erfordert, entweder den Vers an eine frühere Stelle zurückzuversetzen oder jegliche ernsthafte Überlegung darüber zu unterlassen.«[2] Beachten wir zum Beispiel die Anmerkungen von John R. W. Stott: »Solche, die glauben, Gottes Absicht mit uns sei, den Konflikt von Römer 7 mit dem Sieg von Römer 8 auszutauschen, müssen den letzten Satz von Kapitel 7 als großen Stein des Anstoßes empfinden; denn sofort nach dem triumphierenden Dankesausruf kehrt Paulus zum Konflikt zurück und schließt mit einer Zusammenfassung desselben: ›So diene ich nun mit der Vernunft dem Gesetz Gottes, aber mit meinem Tun dem Gesetz der Sünde.‹«[3] Dieser Auffassung stimmt John Murray zu; er sagt: »Im letzten Teil von Vers 25 gibt Paulus uns zusammengefaßt eine Wiederholung des Konfliktlebens und des Widerspruchs, die in Vers 14–24 in Einzelheiten beschrieben wurden. Diese Wiederholung zeigt an, daß der triumphierende Dank im ersten Teil des Verses den dargestellten Konflikt nicht beendet.«[4]

Die zwei folgenden Argumente scheinen die Auffassung zu unterstützen, daß Paulus in Vers 14–25 vom Konflikt des wiedergeborenen Menschen spricht.

1. Das Bild, das Paulus von sich selbst gibt, reflektiert nur das Denken eines Gläubigen. Vers 18: »Denn ich weiß, daß in mir, so wie ich von Natur bin, nichts Gutes wohnt.« Vers 24: »Ich elender Mensch!« Der Ungläubige ist selbstgerecht: Er würde nie zugeben, daß er ein »elender Mensch« ist – in dem Sinne, wie Paulus es ausdrückt. Stott sagt richtig: »Nur der gereifte Gläubige kommt zu dem Punkt des Ekels vor sich selbst und der Verzweiflung über sich selbst. Er ist es, der klarsichtig erkennt, daß in seinem Fleisch nichts Gutes wohnt. Er ist es, der seine Elendigkeit bekennt und im Glauben nach Befreiung schreit.«[5]

2. Die Auffassung von Paulus über das Gesetz ist unzweifelhaft christlich. Er nennt das Gesetz »gut« (V. 16); er drückt den Wunsch aus, ihm zu gehorchen (V. 22) – »Denn in meinem Innern habe ich Gefallen an Gottes Gesetz.« Welcher nichtwiedergeborene Mensch würde das sagen? Die Haltung des Ungläubigen zum Gesetz wird in 8, 7 gezeigt: »Das Trachten des Eigenwillens bedeutet Feindschaft gegen Gott; denn er ordnet sich dem Gesetz Gottes nicht unter und kann es auch nicht.« Paulus sagt in 7, 22 nicht, daß er Feindschaft gegen Gottes Gesetz empfand, sondern daß er es wirklich liebte!

Es ist angebracht, diese Stelle als eine Beschreibung des Konfliktes vom Gläubigen zu betrachten, eines Konfliktes, auf den Christus die Antwort ist.[6]

# Bibliographie

*Vorbemerkung zur Bibliographie*

Der Verfasser zitiert aus englischen bzw. amerikanischen Büchern. Dabei handelt es sich zum Teil auch um Übersetzungen von Büchern, die ursprünglich in deutscher Sprache geschrieben und zum Teil noch lieferbar sind. Andere der angeführten Werke sind inzwischen auch in deutscher Sprache erschienen.


*Einleitung*

1. C. S. Lewis, *Christian Reflections* (Grand Rapids: Eerdmans, 1967), S. 14.

*Kapitel 1*

1. Ralph Venning, *The Plague of Plagues* (London: Banner of Truth, 1969), S. 32.
2. Thomas Boston, *Human Nature in Its Fourfold State* (London: Banner of Truth, 1964), S. 79ff.
3. Leon Morris, *The First Epistle of Paul to the Corinthians,* Tyndale New Testament Commentaries, ed. R. V. G. Tasker (Grand Rapids: Eerdmans, 1958), S. 60.
4. Martin Luther, *The Bondage of the Will* (Westwood, N. J.: Revell, 1957), S. 300.
5. John Calvin, *The Epistles of Paul the Apostle to the Romans and to the Thessalonians,* Calvin's Commentaries, vol. 8, Ross Mackenzie, trans., and D. W. Torrance and T. F. Torrance, ed. (Grand Rapids: Eerdmans, 1961), S. 163.
6. James Arminius, *The Writings of James Arminius,* vol. 1 (Grand Rapids: Baker, 1956), S. 252.

*Kapitel 2*

1. Henry Clarence Thiessen, *Introductory Lectures in Systematic Theology* (Grand Rapids: Eerdmans, 1949), S. 343.
2. Ibid., S. 344.
3. Karl Barth, *Church Dogmatics* (Edinburgh: T & T Clark, 1959), Bd. 2, Teil 2, S. 103.
4. G. C. Berkouwer, *The Triumph of Grace in the Theology of Karl Barth* (Grand Rapids: Eerdman, 1956), S. 116. Emil Brunner stimmt dieser Beurteilung zu (Christian Doctrine of God, Dogmatics, Bd. 1 (Philadelphia: Westminster, 1950), S. 346–53).
5. Harry Buis, *Historic Protestantism and Predestination* (Philadelphia: Presb. & Ref., 1958), S. 103.
6. L. Berkhof, *Systematic Theology* (Grand Rapids: Eerdmans, 1941), S. 114.
7. Ibid., S. 114–15.
8. Anders Nygren, *Commentary on Romans* (Philadelphia: Muhlenburg, 1949), S. 340.
9. H. P. Liddon, *Explanatory Analysis of St. Paul's Epistle to the Romans* (Grand Rapids: Zondervan, 1961), S. 139.
10. John Murray, *The Epistle to the Romans,* New International Commentary on the New Testament, vol. 1, ed. Ned B. Stonehouse (Grand Rapids: Eerdmans, 1959), S. 316.
11. Ibid., S. 317.

12. Oscar Cullmann, *Salvation in History* (New York: Harper & Row, 1967), S. 76.
13. See Carl F. H. Henry, *Frontiers in Modern Theology* (Chicago: Moody, 1966), S. 41 ff.
14. Cullmann, S. 21. Für eine ausgezeichnete Widerlegung von Bultmanns historischem Skeptizismus siehe Carl E. Braaten, *History and Hermeneutics,* New Disvoveries in Theology, Bd. 2 (Philadelphia: Westminster, 1966). Siehe auch Carl F. H. Henry, »*Justification by Ignorance: A Neo-Protestant Motif?*« Christianity Today (2. Jan. 1970), S. 10–15.
15. Henry, *Frontiers,* S. 41.
16. Cullmann, S. 21.
17. Siehe Bernard Ramm, *Special Revelation and the Word of God* (Grand Rapids: Eerdmans, 1961), S. 70ff.

*Kapitel 3*

1. Vgl. Augustin, *On the Trinity* Bd. 13, Kap. 10; Aquinas, Summa Theologica, Teil 3, S. 46, Art. 2 und 3.
2. Cf. George Smeaton, *The Doctrine of the Atonement as Taught by Christ Himself* (Grand Rapids: Zondervan, 1953), S. 22ff.; A. A. Hodge, *The Atonement* (Grand Rapids: Eerdmans, 1953), S. 243ff.; L. Berkhof, *Systematic Theology* (Grand Rapids: Eerdmans, 1941), S. 368ff.
3. Origen, »Commentary on Matthew«, 16:8; cf. Henry Bettenson, ed., *The Early Christian Fathers* (London: Oxford U., 1956).
4. S. N. Deane, trans., *Saint Anselm Basic Writings* (LaSalle, Ill.: Open Court Pub., 1962), S. 203ff.
5. Robert H. Culpepper, *Interpreting the Atonement* (Grand Rapids: Eerdmans, 1966), S. 85.
6. Ibid.
7. Ibid., S. 87.
8. Otto W. Heick, *A History of Christian Thought* (Philadelphia: Fortress, 1965), 1:276.
9. Ibid., S. 277.
10. Culpepper, S. 91.
11. Ibid., S. 105.
12. A. H. Strong, *Systematic Theology* (Chicago: Judson, 1907), S. 740.
13. Culpepper, S. 108.
14. G. C. Berkouwer, *The Work of Christ, Studies in Dogmatics,* vol. 9 (Grand Rapids: Eerdmans, 1965), S. 329.
15. Paul Althaus, *The Theologie of Martin Luther* (Philadelphia: Fortress, 1966), S. 220. Siehe auch Culpepper, S. 93ff.
16. Berkouwer, S. 338.
17. Culpepper, S. 98.
18. John Calvin, *Institutes of the Christian Religion,* Library of Christian Classics, vol. 20, ed. John T. McNeill and Henry P. Van Deusen (Philadelphia: Westminster, 1960), S. 466.
19. Berkouwer, S. 311.
20. E. J. Young, *Isaiah Fifty-three: A Devotional and Expository Study* (Grand Rapids: Eerdmans, 1952), S. 53.
21. Berkouwer, S. 308.
22. Leon Morris, »Penal View of the Atonement«, *His* (Dec. 1960), S. 16.

23. W. H. Griffith Thomas, *The Principles of Theology* (London: Church Bk. Rm. Press, 1956), S. 53.
24. Morris, *Cross,* S. 249.
25. Geoffrey B. Wilson, *Romans* (London: Banner of Truth, 1969).
26. Morris, *Cross,* S. 199.
27. Ibid., S. 200.
28. F. Godet, *Commentary of the Epistle to the Romans* (Grand Rapids: Zondervan, 1956), S. 195ff. Für eine andere Auffassung siehe Gerhard Kittel, *Theological Dictionary of the New Testament,* Bd. 1 (Grand Rapids: Eerdmans, 1955), S. 265ff.
29. John Murray, *Redemption: Accomplished and Applied* (Grand Rapids: Eerdmans, 1955), S. 64.
30. W. G. T. Shedd, *Dogmatic Theology* (Grand Rapids: Zondervan, n.d), 2:464.
31. Ibid.
32. Ibid.
33. Philip Schaff, *The Creeds of Christendom* (New York: Harper, 1877), S. 586–587.
34. J. Oliver Buswell, *A Systematic Theology of the Christian Religion* (Grand Rapids: Zondervan, 1962), S. 141ff.

*Kapitel 4*

1. John Murray, *Redemption: Accomplished and Applied* (Grand Rapids: Eerdmans, 1955), S. 88.
2. John Gill, *A Body of Doctrinal Divinity* (Atlanta: Turner Lassetter, 1957), S. 543.
3. Charles Haddon Spurgeon, *The Early Years: 1834–1859* (London: Banner of Truth, 1962), S. 72.
4. Raymon E. Brown, *The Gospel According to John (i-xii),* The Anchor Bible, vol. 29 (New York: Doubleday, 1966), S. 1428.
5. J. C. Macaulay, *Devotional Studies in St. John's Gospel* (Grand Rapids: Eerdemans, 1954), S. 46.
6. John Owen, *A Discourse Concerning the Holy Spirit* (Philadelphia: Presb. Bd. Pub., n.d.), S. 121.
7. Abraham Kuyper, *The Work of the Holy Spirit* (Grand Rapids: Eerdmans, 1946), S. 293.
8. John Calvin, *Institutes of the Christian Religion,* Library of Christian Classics, vol. 20, ed. John Baillie, John T. McNeill, Henry P. Van Deusen (Philadelphia: Westminster, 1960), S. 601.
9. Ibid.
10. John Colquhoun, *Repentance* (London: Banner of Truth, 1965), S. 28.
11. Ibid., S. 23.
12. Ibid.
13. Ibid.
14. Dietrich Bonhoeffer, *The Cost of Discipleship* (New York: Macmillan, 1949), S. 35ff.
15. G. I. Williamson, *The Westminster Confession of Faith for Study Classes* (Philadelphia: Presb. & Ref., 1964), S. 97ff.
16. Gill, S. 549.
17. Archibald Robertson and Alfred Plummer, *A Critical and Exegetical Commen-*

*tary on the First Epistle of St. Paul to the Corinthians,* International Critical Commentary (Edinburgh: T & T Clark, 1941), S. 31.

18. F. F. Bruce, *The Letters of Paul, An Expanded Paraphrase* (Grand Rapids: Eerdmans, 1965), S. 71.
19. Robertson and Plummer, S. 33.
20. F. Godet, *Commentary on the First Epistle of St. Paul to the Corinthians* (Grand Rapids: Zondervan, 1957), S. 129–30.
21. James Buchanan, *The Office and Work of the Holy Spirit* (London: Banner of Truth, 1966), S. 190.
22. F. F. Bruce, *Commentary on the Book of Acts,* New International Commentary on the New Testament (Grand Rapids: Eerdmans, 1954), S. 337.
23. Buchanan, S. 135.
24. Ibid.
25. Ibid.
26. Ibid.
27. Ibid.

*Kapitel 5*

1. James Buchanan, *The Doctrine of Justification* (London: Banner of Truth, 1961), S. 248.
2. G. C. Berkouwer, *Faith and Justification, Studies in Dogmatics,* vol. 3. (Grand Rapids: Eerdmans, 1962), S. 80.
3. J. Gresham Machen, *What Is Faith?* (Grand Rapids: Eerdmans, 1962), S. 172.
4. W. H. Griffith Thomas, *The Principles of Theology* (London: Church Bk. Rm. Press, 1956), S. 192.
5. Francis Lyall, »*Roman Law in the Writungs of Paul – Adoption*«, Journal of Biblical Literature, 88, 4 (Dez. 1969), S. 465f. Für eine Darstellung der jüdischen Auffassung siehe D. J. Theron, *The Evangelical Quarterly, 28* (1965), S. 6ff.
6. John Murray, *Redemption: Accomplished and Applied* (Grand Rapids: Eerdmans, 1955), S. 166.
7. Timothy Dwight, *Theology Explained and Defended in a Series of Sermons* (London: Baynes & Son, 1822), 2:181.
8. Ibid., S. 185.
9. K. F. W. Prior, *The Way of Holiness* (Chicago: Inter-Varsity, 1967), S. 8.
10. Ibid.
11. Ibid.
12. Karl Barth, *Church Dogmatics* (New York: Scribner, 1956), 4:101.
13. John Owen, *The Holy Spirit, His Gifts and Power* (Grand Rapids: Kregel, 1954), S. 230.
14. Ibid., S. 220–21.
15. John Gill, *A Body of Doctrinal Divinity* (Atlanta: Turner Lassetter, 1957), S. 552.
16. Charles C. Ryrie, *Balancing the Christian Life* (Chicago: Moody, 1969), S. 34ff. Siehe Anhang B für eine Diskussion über die Darstellung von Paulus im Römerbrief Kap. 7, 14–25, betr. den Konflikt zwischen diesen beiden Naturen.
17. William Law, *A Serious Call to a Devout and Holy Life* (Philadelphia: Westminster, 1955), S. 18.
18. Zur Frage: »Muß Christus Herr sein, um Retter zu sein?«, siehe Ryrie,

S. 169–81. Für eine eingehendere Erörterung dieses Punktes siehe Dietrich Bonhoeffer, *The Cost of Discipleship* (New York: Macmillan, 1959).

19. Zum Konzept der Nachahmung Christi siehe Helmut Thielicke, *Theological Ethics, Foundations,* Band 1 (Philadelphia: Fortress, 1966), S. 185–94.
20. Gill, S. 555.
21. Weiteres zu diesem Punkt siehe John R. W. Stott, *Confess Your Sins* (Philadelphia: Westminster, 1964).
22. Für eine klassische Abhandlung über Liebe siehe Anders Nygren, *Agape and Eros* (New York: Harper Torchbooks, 1969).
23. John Eadie, *Commentary on the Epistle of Paul to the Galatians* (Grand Rapids: Zondervan, n.d.), S. 422.
24. Ibid., S. 423.
25. Ibid., S. 424.
26. Ibid.

*Kapitel 6*

1. John Murray, *Redemption: Accomplished and Applied* (Grand Rapids: Eerdmans, 1955), S. 154.
2. Herman Kuiper, *By Grace Alone: A Study in Soteriology* (Grand Rapids: Eerdmans, 1955), S. 138.
3. Ernest F. Kevan, *Salvation* (Grand Rapids: Baker, 1963), S. 96.
4. Siehe Everett F. Harrison, *Bakers Dictionary of Theology* (Grand Rapids: Eerdmans, 1960), S. 510.
5. G. C. Berkouwer, *Faith and Perseverance,* Studies in Dogmatics, vol. 6. (Grand Rapids: Eerdmans, 1958), S. 60.
6. Ibid., S. 68ff.
7. George Reith, *The Gospel According to John,* Handbooks for Bible Classes and Private Students, vol. 1 (Edinburgh: T & T Clark, 1889), S. 105.
8. A. T. Robertson, *The Fourth Gospel – The Epistle to the Hebrews,* Word Pictures in the New Testament, vol. 5 (New York: Harper, 1932), S. 186.
9. Berkouwer, S. 90.
10. Ibid., S. 90–91.
11. Ibid., S. 111.
12. Charles W. Carter, ed., *The Wesleyan Bible Commentary,* vol. 6 (Grand Rapids: Eerdmans, 1966), S. 83ff.
13. W. H. Griffith Thomas, *Hebrews: A Devotional Commentary* (Grand Rapids: Eerdmans, 1961), S. 74.
14. F. F. Bruce, *The Epistle to the Hebrews,* The New International Commentary on the New Testament, ed. F. F. Bruce (Grand Rapids: Eerdmans, 1964), S. 118ff.
15. Ibid., S. 120.
16. Ibid., S. 120–22.
17. Ibid.
18. John Brown, *An Exposition of Hebrews* (London: Banner of Truth, 1961), S. 287.
19. Berkouwer, S. 128.
20. Ibid., S. 131.
21. Ibid., S. 132.
22. John Murray, *The Heavenly Priestly Activity of Christ* (The Campbell Morgan

Lectureship, June 18, 1958), (London: Westminster Chapel, Buckingham Gate), S. 13.
23. William Hendriksen, *Exposition of the Gospel According to John,* New Testament Commentary, vol. 2 (Grand Rapids: Baker, 1954), S. 363.
24. Berkouwer, S. 145.

*Kapitel 7*

1. John Murray, *Redemption: Accomplished and Applied* (Grand Rapids: Eerdmans, 1955), S. 177.
2. Bernard Ramm, *Them He Glorified: A Systematic Study of the Doctrine of Glorification* (Grand Rapids: Eerdmans, 1963), S. 57.
3. Ibid., S. 61.
4. William Hendriksen, *Philippians,* New Testament Commentary (Grand Rapids: Baker, 1962), S. 61.
5. Ramm, S. 71.
6. Ibid., S. 90.

*Anhang A*

1. L. Berkhof, *Systematic Theology* (Grand Rapids: Eerdmans, 1941), S. 416.
2. Les G. Cox, »Prevenient Grace – A Wesleyan View«, *Journal of the Evangelical Theological Society,* vol. 12, pt. 3 (Summer 1969), 143ff.
3. John Murray, *Redemption: Accomplished and Applied* (Grand Rapids: Eerdmans, 1955), S. 98.
4. Ibid., S. 100.
5. G. C. Berkouwer, *Faith and Justification,* Studies in Dogmatics, vol. 3 (Grand Rapids: Eerdmans, 1962), S. 26.
6. Ibid., S. 31–32.
7. Ibid., S. 33.
8. Siehe Jean Calvin, *Institutes of the Christian Religion, Library of Christian Classics,* Bd. 20, Herausg. John T. McNeill und Henry P. van Deusen (Philadelphia: Westminster, 1960, 3:1–4).
9. Berkouwer, S. 29.

*Anhang B*

1. Richard N. Longenecker, *Paul: Apostle of Liberty* (New York: Harper & Row, 1964), S. 114.
2. Ibid., S. 111.
3. John R. W. Stott, *Men Made New: An Exposition of Romans 5–8* (Chicago: Inter-Varsity, 1966), S. 78.
4. John Murray, *The Epistle to the Romans,* New International Commentary on the New Testament, vol. 1, ed. Ned B. Stonehouse (Grand Rapids: Eerdmans, 1959), S. 270.
5. Stott, S. 73.
6. Note Paul Tournier, *Guilt and Grace* (New York: Harper & Row, 1962), S. 158ff.

# Register der Hauptbegriffe

# Register der Bibelstellen

Stellen, die im Text kommentiert sind.